Übungsheft

Luxemburgisch
Anfänger

Von **Jackie Messerich** und **Franck Colotte**

Adaption für deutschsprachige Lerner von
Susanne Gagneur
in Zusammenarbeit mit dem Lektorat des
Assimil Verlags Köln

Körnerstraße 12
50823 Köln
Deutschland

© Assimil 2023   ISBN 978-3-89625-301-9

Impressum

Französische Originalausgabe:
Titel: Luxembourgeois – Débutants
Reihe: Les cahiers d'exercices Assimil
Autoren: Jackie Messerich, Franck Colotte
© 2016 Assimil

Deutsche Adaption:
Herausgeber: Assimil GmbH, Körnerstr. 12, 50823 KÖLN
Titel: Übungsheft Luxemburgisch – Anfänger
Reihe: Übungshefte
Deutschsprachige Adaption von Susanne Gagneur
in Zusammenarbeit mit dem Lektorat des Assimil Verlags Köln
Alle Rechte vorbehalten
Gedruckt in der EU 2023
ISBN 978-3-89625-301-9
© 2023 Assimil

Illustrationen & Grafik: Siehe Seite 128.

Dieses Buch ist unter Angabe der ISBN weltweit erhältlich.
Bezugsadresse für Buchhändler in **Deutschland**: Prolit Verlagsauslieferung in 35461 Fernwald
oder über alle deutschen Barsortimenter
Bezugsadresse für Buchhändler in **Österreich**: Mohr-Morawa Buchvertrieb, 1230 Wien
Verlagsdirektbezug mit Versand innerhalb Deutschlands und nach Österreich: www.AssimilWelt.com
Restliche Welt: Direktbezug über www.assimil.com

Diese Reihe wird regelmäßig um weitere Titel ergänzt.
Aktuelle Informationen finden Sie unter www.AssimilWelt.com

Das Werk, einschließlich seiner Teile, ist urheberrechtlich geschützt.
Jede Verwertung ist ohne Zustimmung des Verlages und des Autors unzulässig.
Dies gilt insbesondere für die elektronische oder sonstige Vervielfältigung,
Übersetzung, Verbreitung und öffentliche Zugänglichmachung.

Bibliografische Information der Deutschen Nationalbibliothek:
Die Deutsche Nationalbibliothek verzeichnet diese Publikation in der Deutschen Nationalbibliografie;
detaillierte bibliografische Daten sind im Internet über http://dnb.d-nb.de abrufbar.

Die Autoren:

Jackie Messerich ist Luxemburgerin und hat in Deutschland Germanistik, Französisch und Philosophie studiert. Sie arbeitet als Lehrerin und Dozentin, organisiert Fremdsprachenkurse und hat als Autorin zahlreiche Lehrwerke und didaktisches Material zum Luxemburgischlernen entwickelt.

Franck Colotte ist Philologe und beschäftigt sich insbesondere mit der Antike. Er interessiert sich auch für die luxemburgische Sprache und Literatur und arbeitet als Korrespondent und Kulturkolumnist für das „Luxemburger Wort" und für andere Zeitungen und Zeitschriften im Ausland.

1 Erste Schritte

Alphabet und Aussprache

Die luxemburgische Schriftsprache benutzt das lateinische Alphabet, ergänzt um die Buchstaben **ä**, **ë** und **é**. **ö** und **ü** treten fast nur in Wörtern auf, die unverändert aus dem Schriftdeutschen übernommen wurden. Das Luxemburgische kennt kein **ß**; dieser Laut wird durch ein Doppel-s dargestellt.

Einige Buchstaben des luxemburgischen Alphabets unterscheiden sich in der Aussprache von denen des deutschen Alphabets. Um Ihnen die Aussprache der luxemburgischen Buchstaben zu erleichtern, verwenden wir in diesem Übungsheft eine vereinfachte Lautschrift, die mit den Buchstaben des deutschen Alphabets wiedergegeben wird und die Sie spontan so lesen können, wie sie hier steht.

Wie das Deutsche unterscheidet auch das Luxemburgische zwischen kurzen und langen Vokalen. Um zu signalisieren, dass ein Vokal lang zu sprechen ist, fügen wir hinter dem entsprechenden Vokal einen Doppelpunkt hinzu (:). So wird **Kan** (*Kanne, Kanister*) [*ka:n*] ausgesprochen und nicht **kann** [*kan*] ([*er/sie/es*] *kann*). Stehen die weichen Konsonanten **b**, **d**, **g**, **v** oder **s** am Wort- oder Silbenende, tritt die sog. "Auslautverhärtung" ein, d. h. **b** wird z. B. wie **p** und **d** wie **t** ausgesprochen (Beispiele: **Kueb** [*kuöp*] (*Krähe, Rabe*) und **midd** [*mit*] (*müde*)).

Bei Lehnwörtern aus dem Französischen werden die Nasallaute teilweise beibehalten: **Arrangement** [*arãĵömänt*] (*Einigung; Gesteck*), **Ensembel** [*õßõböl*] (*Künstlerensemble; Gesamtheit*), **Mannequin** [*manökã*] (*Model, Kleiderpuppe*), **bon** [*bõ*] (*gut*).

Konsonanten

Die meisten Konsonanten des Luxemburgischen werden wie im Deutschen ausgesprochen, wobei einige Konsonanten, z. B. **p**, **t** und **k**, etwas stärker behaucht werden.

Buchstabe	Lautschrift	Aussprache	Beispiele
b	[b]	Wie im Deutschen	**labber** [*lab*ᵃ] *locker, schlapp*
c	[k]	Aussprache wie **k**	**Case** [*ka:ß*] *(Ablage-)Fach*

3

KAPITEL 1: ERSTE SCHRITTE

Konsonanten (Fortsetzung)

Buch-stabe	Laut-schrift	Aussprache	Beispiele
ch	[CH]	Nach **a**, **o** bzw. **u** wie **ch** in Ka<u>ch</u>el	**laachen** [la:CHön] lachen; **Kuch** [kuCH] Kuchen
ch	[sch]	Nach den hellen Vokalen **i**, **e** und **ä** wie **sch**, das leicht zum **ch** tendiert	**sécher** [seschᵃ] sicher; **Liicht** [li:scht] Licht; **schiedlech** [schiötlesch] schädlich
chs	[x]	Aussprache wie **x**	**nächsten** [näxtön] nächster, -e, -es
ck	[k]	Entspricht immer **k**	**Eck** [äk] Ecke; **Echecken** [eschäkön] Misserfolge
d	[d]	Wie deutsches **d**	**Dësch** [dösch] Tisch
f	[f]	Wie deutsches **f**	**froen** [fro:ön] fragen; (**du**) **schreifs** [schraifß] (du) schreibst
g	[ch]	Am Silbenende nach **e** und **i** wie **ch** in i<u>ch</u>	**bëlleg** [bölech] billig; **Hunneg** [hunech] Honig
g	[CH]	Am Silbenende nach **a** wie **ch** in Ka<u>ch</u>el	**Dag** [da:CH] Tag; **Virtrag** [fiᵃtra:CH] Vortrag
g	[g]	Am Wortanfang immer **g** wie in <u>G</u>ans	**Gaart** [ga:rt] Garten; **giel** [giöl] gelb; **geet** [ge:t] (er) geht
g	[ĵ]	Vor **e** und **i** in Lehnwörtern aus dem Französischen oder Lateinischen wie der Anlaut von <u>J</u>ournalist	**genial** [ĵenja:l] genial; **Astrologie** [aßtroloĵi:] Astrologie
h	[h]	Wie deutsches **h**	**Haus** [hauß] Haus; **hiewen** [hiöwön] heben
j	[ĵ]*	Wie der Anlaut von <u>J</u>ournalist	**héijen** [heiĵön] erhöhen
j	[j]*	Wie deutsches **j**	**Jeeër** [je:ᵃ] Jäger; **Januar** [janua:r] Januar
k	[k]	Wie deutsches **k**	**kaschten** [kaschtön] kosten
l	[l]	Wie deutsches **l**	**Leit** [lait] Leute; **killen** [kilön] kühlen
m	[m]	Wie deutsches **m**	**Mann** [man] Mann; **sammelen** [samölön] sammeln
n	[n]	Wie deutsches **n**	**Nues** [nuöß] Nase; **kënnen** [könön] können
ng	[nᵍ]	Wie **ng** in Pi<u>ng</u>po<u>ng</u>	**sangen** [sanᵍön] singen; **Hong** [honᵍ] Huhn
nk	[nᵍk]	Wie **ng**, gefolgt von **k**	**drénken** [drenᵍkön] trinken; **Ufank** [ufanᵍk] Anfang

KAPITEL 1: ERSTE SCHRITTE

Buch-stabe	Laut-schrift	Aussprache	Beispiele
p	[p]	Wie im Deutschen, aber stärker behaucht	**Papp** [pap] Vater
ph	[f]	Wie deutsches **f**	**Alphabeet** [alfabe:t] Alphabet
qu	[k]	Aussprache wie **k**	**Qualitéit** [kalitäit] Qualität
r	[r]	Wie deutsches **r**	**Raaspel** [ra:ßpöl] Raspel; **Terrain** [terã] Gelände, Grundstück
s	[s]	Zwischen zwei Vokalen und am Wort-/Silbenanfang stimmhaftes **s** wie in H<u>a</u>se	**Tasen** [ta:sön] Tassen; **sichen** [sichön] suchen
sch	[sch]	Wie **sch** in <u>Sch</u>af	**Schëff** [schöf] Schiff; **franséisch** [franse:isch] französisch; **Doktesch** [doktesch] Ärztin
schw	[schu]	Lautfolge **sch + u**	**schwéier** [schuei^a] schwer; **geschwat** [göschua:t] geschwätzt
sp	[schp]	**sch + p**	**Spill** [schpil] Spiel
ss/s	[ß]	Am Wort-/Silbenende immer stimmlos	**Taass** [ta:ß] Tasse; **Glas** [gla:ß] Glas
st	[scht]	**sch + t**	**stoen** [schto:ön] stehen
t/th	[t]	Wie im Deutschen, aber stärker behaucht	**tuten** [tu:tön] hupen; **Marathon** [maratõ]
tsch	[tsch]	Wie **tsch** in <u>Tsch</u>eche	**däitsch** [däitsch] deutsch; **rutschen** [rutschön] rutschen
v	[f]/[w]	Am Silbenanfang immer **f**, in Fremd- und Lehnwörtern **w**	**véier** [fei^a] vier; **virwëtzeg** [fi^awötßech] neugierig; **vag** [wa:k] vage; **Nerven** [närwön] Nerven
w	[w]	Wie deutsches **w**	**wënschen** [wönschön] wünschen; **firwat** [fi^awa:t] warum
x	[x]	Wie deutsches **x**	**Hex** [häx] Hexe
z/tz	[tß]	Wie deutsches **z/tz**	**Zocker** [tßok^a] Zucker; **setzen** [sätßön] setzen

* Es existieren keine Gesetzmäßigkeiten, die regeln, wann der Buchstabe **j** [j] und wann er [ʃ] ausgesprochen wird. Laut Untersuchungen des Zenter fir d'Lëtzebuerger Sprooch (ZLS) ist die verwendete Aussprache in erster Linie altersabhängig.

KAPITEL 1: ERSTE SCHRITTE

Vokale

Das Luxemburgische verfügt größtenteils über dieselben Vokale wie das Deutsche, die auch alle annähernd wie im Deutschen ausgesprochen werden.

Buch-stabe	Laut-schrift	Aussprache	Beispiele
a	[a]	Wie kurzes deutsches **a**	**Kanner** [kanᵃ] Kinder; **Mann** [man] Mann; **rappen** [rapön] reißen; raspeln
a/aa	[a:]	Langes **a**	**Kap** [ka:p] Kappe, Mütze; **maachen** [ma:CHön] machen; **Fra** [fra:] Frau
an/am	[ã]	Nasallaut **ã** wie in *Restaur<u>an</u>t*	**Arrangement** [arãjömänt] Einigung; Gesteck; **Ambitioun** [ãbißjo:n] Ehrgeiz
e	[ö]	In Endungen und Präfixen kurzes, unbetontes **ö**	**schaffen** [schafön] arbeiten; **betaaschten** [böta:schtön] berühren
ë	[ö]	Kurzes, unbetontes **ö**, das auch in betonten Silben auftreten kann	**mëll** [möl] mild, sanft, weich; **Lëscht** [löscht] Liste
e/ä	[ä]	Wie deutsches **ä**	**Hengscht** [hänᵍscht] Hengst; **hell** [häl] hell; **Kächen** [kächön] Köchin
ä/äe	[ä:]	Wie deutsches **ä**, vor **r** lang	**Här** [hä:ᵃ] Herr; **Häerz** [hä:ᵃtß] Herz
é	[e]	Helles **e** wie in *s<u>e</u>hr*, jedoch etwas kürzer	**Méck** [mek] Fliege; **sécher** [seschᵃ] sicher; **kéng** [kenᵍ] kühn, verwegen
ee	[e:]	Langes **e** wie in *M<u>ee</u>r*	**Eemer** [e:mᵃ] Eimer; **(du) gees** [ge:ß] (du) gehst
en/em	[õ]	Nasallaut wie in *<u>En</u>semble*	**Ensembel** [õßõböl] Ensemble; **Employé** [õploaje:] Angestellter
er	[ᵃ]	Die Endsilbe **-er** wird häufig wie ein kurzes **a** gesprochen	**labber** [labᵃ] locker, lose; **Kanner** [kanᵃ] Kinder
i	[i]	Wie kurzes deutsches **i**	**Iddi** [idi] Idee; **midd** [mit] müde; **kill** [kil] frisch, kühl
i/ii	[i:]	Wie langes deutsches **i**	**riseg** [ri:sesch] riesig, enorm **Liicht** [li:scht] Licht;
in/im	[ã]	Nasallaut wie in der Endsilbe von *Mannequ<u>in</u>*	**Interieur** [ãtäriö:r] Innenausstattung; **Timber** [tãbör] Briefmarke
o	[o]	Wie **o** in *P<u>o</u>st*	**Posch** [posch] Handtasche; **Loscht** [loscht] Lust

KAPITEL 1: ERSTE SCHRITTE

Buch-stabe	Laut-schrift	Aussprache	Beispiele
o/oo	[o:]	Langes **o** wie in D**o**m	**schlofen** [*schlo:fön*] *schlafen*; **deemools** [*de:mo:lß*] *damals*
on	[õ]	Nasallaut **õ** wie in B**on**b**on**	**bon** [*bõ*] *also gut, na dann*
ö	[ö:]	Langes **ö**. Wird sehr selten benutzt	**Fön** [*fö:n*] *Haartrockner*
u	[u]	Wie kurzes deutsches **u**	**Tulp** [*tulp*] *Tulpe*; **Kuch** [*kuCH*] *Kuchen*
u/uu	[u:]	Wie langes deutsches **u**	**Tut** [*tu:t*] *Tüte*; **Luucht** [*lu:CHt*] *Licht*
ü	[ü]	Kurzes **ü**. Wird sehr selten benutzt	**Dünger** [*dün^ga*] *Dünger*
ü	[ü:]	Langes **ü**	**Bün** [*bü:n*] *Bühne*; **Süden** [*sü:dön*] *Süden*

Diphthonge

Das Luxemburgische verfügt außerdem über zehn Diphthonge (Vokalkombinationen).

Diph-thong	Laut-schrift	Aussprache	Beispiele
ai/ei	[ai]	fließender Übergang von **a** zu **i**	**Lais** [*laiß*] *Läuse*; **Leit** [*lait*] *Leute*
äi	[äi]	fließender Übergang von **ä** zu **i** (verlängerter Laut)	**Zäit** [*tßäit*] *Zeit*; **däin** [*däin*] *dein, deine*
au	[äu]	fließender Übergang von **a** zu **u** (verlängerter Laut)	**Haut** [*häut*] *Haut*; **Laus** [*läuß*] *Laus*
au	[au]	fließender Übergang von **a** zu **u**	**Auto** [*auto*] *Auto*; **haut** [*haut*] *heute*
éi	[ei]	fließender Übergang von **e** zu **i**	**spéit** [*schpeit*] *spät*; **Aktualitéit** [*aktualiteit*] *Aktualität*
eu	[oi]	fließender Übergang von **o** zu **i**	**Euro** [*oiro*] *Euro*; **Europa** [*oiropa*] *Europa*
ie	[iö]	fließender Übergang von **i** zu **ö**	**liesen** [*liösön*] *lesen*; **Wieder** [*wiöd^a*] *Wetter*
ou	[ou]	fließender Übergang von **o** zu **u**	**Schoul** [*schoul*] *Schule*; **Boun** [*boun*] *Bohne*
ue	[uö]	fließender Übergang von **u** zu **ö**	**Kueb** [*kuöp*] *Rabe, Krähe*; **Buedem** [*buödöm*] *Boden*

KAPITEL 1: ERSTE SCHRITTE

Kontaktaufnahme

- Man kann sich selbst oder eine andere Person auf verschiedene Arten vorstellen.

  1. **Mäin/Säin/Hiren Numm ass …** , gefolgt vom Vornamen (**Virnumm**) und/oder dem Familiennamen (**Familljennumm**):

  – **Mäin Numm ass Paul, säin Numm ass Jacques/Isabelle, hiren Numm ass Lisa Weber.** *Mein Name ist / sein Name ist / ihr Name ist …*

  2. **Ech heesche(n) / Hien/si/hatt heescht**, gefolgt vom Vornamen / vollen Namen:

  – **Ech heeschen Nicole/Leo, hien heescht Pierre / Si heescht Caroline / Hatt heescht Marie.** *Ich heiße / er/sie heißt …*

  3. **Ech sinn …**, gefolgt vom Artikel **de(n)** für ein männliches Subjekt bzw. **d'** für ein weibliches Subjekt; darauf folgt der Vorname:

  – **Ech sinn den Antoine / de Serge / d'Claire.** *Ich bin …*

  4. **Dat ass …** , gefolgt vom Artikel **de(n)** für ein männliches Subjekt bzw. **d'** für ein weibliches Subjekt; darauf folgt der Vorname:

  – **Dat ass den Alex, dat ass den Här Kolbett; dat ass d'Nadia, dat ass d'Madamm Dentzer.** *Dies ist …*

- Stellt man mehrere Personen vor, benutzt man **Dat sinn …**:

  Dat sinn de Paul an d'Virginie, dat sinn den Här an d'Madamm Heinen.

- Um nach dem Namen einer Person zu fragen, sagt man:

  – **Wéi heeschs du? Wéi heescht Dir?** *Wie heißt du? Wie heißen Sie?*

  – **Wéi ass däin Numm / Ären Numm?** *Wie ist dein/Ihr Name?*

  – **Wie bass du / sidd Dir?** *Wer bist du / sind Sie?*

  – **Wien ass dat?** *Wer ist das?*

Wortschatz

Familljennumm (m.) *Familienname*
Numm (m.) *Name*
Virnumm (m.) *Vorname*
heeschen *heißen*
wéi? *wie?*

Brudder (m.) *Bruder*
Schwëster (f.) *Schwester*
Mann (m.) *Ehemann*
Fra (f.) *Ehefrau*
Här (m.) *Herr*
Madamm (f.) *Frau*

mäin *mein*
meng *meine*
däin *dein*
deng *deine*
Ären (m.),
Är (f.) *Ihr, Ihre*

KAPITEL 1: ERSTE SCHRITTE

1 Kreuzen Sie an, welche Formen der Vorstellung korrekt sind.

- a. Mäin Numm ass Lea Poos.
- b. Ech heesche Jean Fischer.
- c. Dat heescht Jeanne Lauer.
- d. Hien heescht sech Pierre Dupont.
- e. Ech si Paul Barthel.
- f. Dat ass de Marie Schmit.
- g. Hatt heescht Caroline Bisenius.
- h. Dat ass de Mike Aster.
- i. Säin Numm ass de Jacques.
- j. Dat sinn den Här an d'Madamm Molitor.

2 Ergänzen Sie erforderlichenfalls den Artikel den bzw. de bzw. d'.

a. Mäin Numm ass ………… Jennifer Bisenius.

b. Dat ass ………… Pierre, mäi Mann.

c. Mäi Familljennumm ass ………… Klein, mäi Virnumm ass ………… Véronique.

d. Ass dat ………… Jean-Claude Meis?

e. Ass Ären Numm ………… Trierweiler?

f. Ech heesche(n) ………… Francine, an dat ass mäi Brudder, ………… Fränz.

g. Heescht Dir ………… Henri?

h. Nee, ech sinn ………… Guillaume.

i. Dat ass ………… Här Braun an dat ass ………… Madamm Blau.

j. Meng Fra heescht ………… Isabelle.

KAPITEL 1: ERSTE SCHRITTE

3 Ordnen Sie die Wörter so, dass korrekte Sätze entstehen.

a. ass dat wien? → ....

b. Capesius Dir heescht Jean? → ....

c. ass Paul säi Virnumm. → ....

d. ass dat den Här Junk? → ....

e. ass ass Becker Familljennumm Gilles mäi mäi Virnumm.

→ ....

f. Dir Familljennumm heescht mam wéi?

→ ....

g. ass Bond Bond James mäin Numm.

→ ....

h. Äre ass Familljennumm Gregorius?

→ ....

i. ass Äre Äre Claude Familljennumm oder Virnumm?

→ ....

j. Claudine d' Familljennumm heescht mam Meyer.

→ ....

Begrüßungen

Grundsätzlich können Sie als Begrüßungsfloskel in jeder Situation und zu jeder Tageszeit **Moien** benutzen. Es gibt aber auch Grußformeln für die verschiedenen Tageszeiten (**Moien**, **Mëtteg**, **Nomëtteg**, **Owend**), denen man normalerweise **Gudden/Gutt** (*Guten ...*) voranstellt. Formeller ist **Bonjour**. Wer es weniger förmlich mag, sagt **Salut**. Um sich zu verabschieden, benutzt man **Äddi**, **Awar** (oder **Awuer**), die sich an das französische *Adieu* bzw. *Au revoir* anlehnen. Zieht man sich zur Nacht zurück, sagt man **Gutt Nuecht**.

KAPITEL 1: ERSTE SCHRITTE

4 Tragen Sie die Floskeln in die der jeweiligen Tageszeit entsprechende Spalte ein.

Moien, Moien, Bonjour, Bonjour, Gudde Moien, Salut, Gudde Mëtteg, Gudden Owend, Gutt Nuecht, Bis Geschwënn, Mëtteg, 'n Owend, Awuer (Awar), Äddi

Moies (morgens)	Mëttes (nachmittags)	Owes (abends)	Verabschiden (beim Abschied)	De ganzen Dag (zu jeder Tageszeit)

5 Ordnen Sie jede Floskel der korrekten Übersetzung zu.

a. Bis bald ☐
b. Tschüss ☐
c. Auf Wiedersehen ☐
d. Guten Tag ☐
e. Guten Tag ☐
f. Hallo (nachmittags) ☐
g. Guten Morgen ☐
h. Gute Nacht ☐
i. Guten Abend ☐
j. Hallo ☐

☐ Bonjour
☐ Bis geschwënn
☐ Äddi
☐ Gudde Mëtteg
☐ Salut
☐ Awar
☐ Moien
☐ Gudde Moien
☐ Gutt Nuecht
☐ Gudden Owend

Erstkontakt

Nützliche Wendungen für die erste Kontaktaufnahme:

Wéi geet et? *Wie geht's?*

gutt *gut*

immens gutt *sehr gut*

schlecht *schlecht*

et geet *es geht so*

net immens *nicht so toll*

an dir? *und dir?*

an lech? *und Ihnen?*

enchantéiert / et freet mech *sehr erfreut*

dat/et deet mir leed *das tut mir leid*

KAPITEL 1: ERSTE SCHRITTE

6 Bringen Sie die Elemente des Dialogs in eine logische Reihenfolge.

○ Et freet mech.

○ Dat deet mir leed.

○ O, net immens, ech si krank.

○ Gutt, an dir?

○ Hei, salut, Paul, wé geet et?

○ Jo, … kann ech presentéieren? Dat ass meng Fra, d'Joanne.

○ Jo, äddi, bis geschwënn.

○ Mir hunn e Rendez-vous beim Dokter. Bis geschwënn.

Die n-Regel

- Laut der **n**-Regel (auch „Eifeler Regel") bleibt **-n** bzw. **-nn** am Wortende – gleich, ob es sich um Artikel, Konjunktionen, Adjektive, Adverbien, Substantive, Verben oder trennbare Partikeln handelt (auch in Komposita) – erhalten, wenn das nachfolgende Wort mit einem Vokal (**a, e, i, o, u, ä, ë, ö, ü**) oder mit den Konsonanten **d, t, z, n** bzw. **h** beginnt. Vor allen anderen als den genannten Buchstaben entfällt **-n** bzw. **-nn**.

- Vor Satzzeichen bleibt das auslautende **-n** erhalten.

- Kleine Gedankenstütze: UNITED ZOAH ➔ Beginnt ein Wort mit einem dieser Buchstaben (oder einem Umlaut), bleibt das auslautende **-n** des vorherigen Wortes erhalten – in der Schreibung ebenso wie in der Aussprache.

    – **den Auto**, aber **de Bus**.

- Die **n**-Regel gilt auch für männliche Vornamen: **den Alexandre**, aber **de Michel**.

Beachten Sie: Es gibt eine Vielzahl von Ausnahmen, die wir hier nicht alle nennen können. Schlagen Sie diese nötigenfalls in anderen Lehrwerken oder im Internet nach.

KAPITEL 1: ERSTE SCHRITTE

7 Streichen Sie alle überflüssigen -n und schreiben Sie den korrigierten Satz.

a. Ech heeschen Karin.
→ ....

b. Main Numm ass Weber.
→ ....

c. Ass Ären Familljennumm Schmit?
→ ....

d. Sidd Dir den Här Junck?
→ ....

e. Ass dat den Paul Hilbert?
→ ....

f. Gudden Moien!
→ ....

8 Den oder de? Ergänzen Sie vor jedem Vornamen den passenden Artikel.

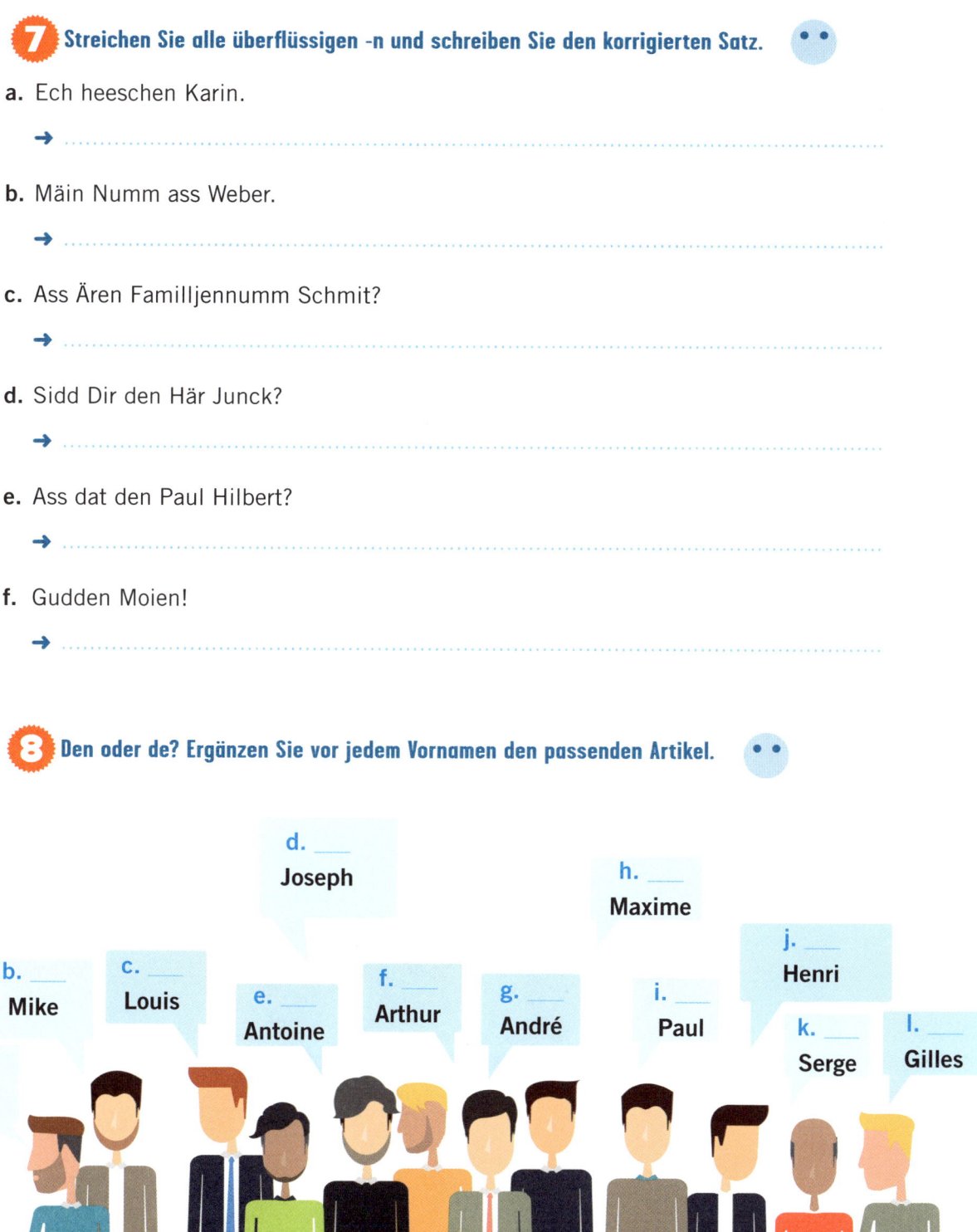

a. ___ erre
b. ___ Mike
c. ___ Louis
d. ___ Joseph
e. ___ Antoine
f. ___ Arthur
g. ___ André
h. ___ Maxime
i. ___ Paul
j. ___ Henri
k. ___ Serge
l. ___ Gilles

KAPITEL 1: ERSTE SCHRITTE

Aussprache der Diphthonge

Unter den zehn Diphthongen des Luxemburgischen können einige auch als Ausrufe (Interjektionen) dienen:

- **Au** [*au*] ist ein Schmerzenslaut.
- **Ai** oder **Ei** [*ai*] drückt Freude aus.
- **Éi** [*ei*] kann benutzt werden, um jemanden anzusprechen.
- **Ou?** [*ou*] ist Ausdruck von Überraschung oder Zweifel.

9 Ordnen Sie die Diphthonge/Ausrufe Au, Ai/Ei, Éi bzw. Ou dem passenden Bild zu.

Au   Ai/Ei   Éi   Ou

a. ....   b. ....

c. ....   d. ....

KAPITEL 1: ERSTE SCHRITTE

Aussprache der Vokale a, i, o und u

Die Vokale **a**, **i**, **o** und **u** haben abhängig von der Anzahl der Vokale oder Konsonanten im Wort eine lange und eine kurze Aussprachevariante:

- zwei Vokale vor mehreren Konsonanten: Laut wird lang gesprochen.
  – **schwaarz** *schwarz*
- ein Vokal vor Einzelkonsonant: Laut wird lang gesprochen.
  – **de Bal** *der Ball*
- ein Vokal vor zwei oder mehreren Konsonanten: Laut wird kurz gesprochen.
  – **de Kapp** *der Kopf*

Die Kombination aus zwei Vokalen und einem Konsonant existiert nur für **e**.

– **Eemer** *der Eimer*

10 Geben Sie an, ob die Vokale lang (l) oder kurz (k) gesprochen werden.

a. Ka**p** *Kappe, Mütze* ⬜
b. Str**oo**ss *Straße* ⬜
c. Ha**m** *Schinken* ⬜
d. Pu**ll** *Pfütze* ⬜
e. Ka**z** *Katze* ⬜
f. Ri**s** *Riese* ⬜
g. K**ii**scht *Kirsche* ⬜
h. Mi**ww**el *Möbel* ⬜
i. Ba**ll** *Ball* ⬜

(l) Aussprache lang
(k) Aussprache kurz

Bravo! Sie haben das 1. Kapitel geschafft! Bewerten Sie Ihre Übungsergebnisse und tragen Sie sie hier und in der Punktetabelle auf Seite 128 ein.

2 Artikel

Genus der Artikel

- Man unterscheidet drei grammatische Geschlechter: Maskulinum, Femininum und Neutrum.

- Der bestimmte Artikel im Nominativ und Akkusativ lautet (je nach **n**-Regel) für das Maskulinum **den** [*dön*] bzw. **de**, für das Femininum, das Neutrum und den Plural **d'**.

   de Mann (m.) *der Mann*   **d'Kand** (n.) *das Kind*

   d'Fra (f.) *die Frau*   **d'Leit** (Pl.) *die Leute*

- Geht einem Nomen ein Adjektiv voran oder hat der Artikel demonstrative Funktion, benutzt man **deen** [*dä:n*] (bzw. **dee**) für das Maskulinum, **déi** [*däi*] für das Femininum und den Plural und **dat** [*da:t*] für das Neutrum.

- Der unbestimmte Artikel im Nominativ und Akkusativ lautet für das Maskulinum und das Neutrum **en** bzw. **e** und für das Femininum **eng** [*äng*]; im Plural existiert kein unbestimmter Artikel.

Oft kann man daher das Genus eines Nomens anhand der beiden Artikel bestimmen.

- **Beachten Sie:** Substantive werden stets mit großem Anfangsbuchstaben geschrieben.

1 Ordnen Sie jedem Nomen den korrekten bestimmten, unbestimmten und Demonstrativartikel zu (Achtung n-Regel!). Beispiel: **den/en/deen Dësch** (m.) *Tisch*

a. ...../...../..... **Stull** (m.) *Stuhl*

b. ...../...../..... **Buch** (n.) *Buch*

c. ...../...../..... **Meedchen** (n.) *Mädchen*

d. ...../...../..... **Luucht** (f.) *Lampe, Licht*

e. ...../...../..... **Heft** (n.) *Heft*

f. ...../...../..... **Blat** (n.) *Blatt*

g. ...../...../..... **Posch** (f.) *Handtasche*

h. ...../...../..... **Computer** (m.) *Computer*

i. ...../...../..... **Haus** (n.) *Haus*

j. ...../...../..... **Bam** (m.) *Baum*

k. ...../...../..... **Auto** (m.) *Auto*

KAPITEL 2: ARTIKEL

2 Bestimmen Sie das Genus der Nomen anhand des Artikels.
Beispiel: de Parfum / e Parfum -> Maskulinum

a. d'Gebai / e Gebai *das Gebäude*

b. d'Strooss / eng Strooss *die Straße*

c. de Jong / e Jong *der Junge*

d. den Hond / en Hond *der Hund*

e. d'Buch / e Buch *das Buch*

f. d'Hiem / en Hiem *das Hemd*

g. de Vëlo / e Vëlo *das Fahrrad*

h. de Schong / e Schong *der Schuh*

i. d'Kleed / e Kleed *das Kleid*

j. d'Jupe / eng Jupe *der Rock*

k. d'Kaz / eng Kaz *die Katze*

Einige allgemeingültige Regeln zu den Geschlechtern

- Das maskuline Genus haben im Allgemeinen alle männlichen Lebewesen, die Buchstaben, die meisten Bäume, die Jahreszeiten (ausgenommen **d'Fréijoer** (n.) *das Frühjahr*), die Himmelsrichtungen, die Monate, die Wochentage, die Tageszeiten (ausgenommen **d'Nuecht** (f.) *die Nacht*). Viele auf **-o** endende Nomen sind männlich. Wie im Deutschen ist der Mond (**de Mound**) männlich und die Sonne (**d'Sonn**) ist weiblich.

- Zur Gruppe der Feminina gehören alle weiblichen Lebewesen (ausgenommen **Meedchen** (n.) *Mädchen*), die Ziffern, die meisten Blumen, Früchte und Gemüsesorten sowie die auf **-ei**, **-heet**, **-keet**, **-schaft**, **-ung** und **-in** endenden Nomen (ein Suffix, mit dem überdies ein maskulines Nomen in ein feminines Nomen verwandelt werden kann).

- Neutral sind junge Lebewesen, viele Substantive, die Verallgemeinerungen darstellen, wie **Gezei** *Kleidung*, **Gedrénks** *Getränke*, substantivierte Verben (**d'Léieren** *das Lernen*) und die meisten Ländernamen.

3 Begründen Sie, warum diese Nomen den jeweiligen Artikel haben.
Beispiel: de Méindeg (*der Montag*) > Maskulinum, weil es ein Wochentag ist

a. den Norden *der Norden* ....

b. d'Rous *die Rose* ....

c. d'Bäckerei *die Bäckerei* ....

d. de Mëtteg *der Mittag* ....

e. d'Kallef *das Kalb* ....

f. d'Kucken *das Gucken*

....

g. de Wanter *der Winter* ....

h. den Dezember *der Dezember*

....

i. den Auto *das Auto* ....

KAPITEL 2: ARTIKEL

4 Ordnen Sie die Substantive den passenden Artikeln zu.

- **Mamm** — Mutter
- **M** — Buchstabe M
- **Brudder** — Bruder
- **62** — (Die Zahl) zweiundsechzig
- **Summer** — Sommer
- **Zeitung** — Zeitung
- **Iessen** — Essen, Mahlzeit
- **Kino** — Kino
- **Owend** — Abend
- **Freideg** — Freitag
- **Kand** — Kind

den (deen) oder **de (dee)**	**d' (déi)**	**d' (dat)**

Deklination der Adjektive

- Adjektive, die Nomen vorangehen, werden dekliniert. Sie passen ihre Endung dem Genus des Nomens an, unabhängig vom Artikel, dem sie im Nominativ oder Akkusativ folgen. Im Maskulinum fügt man **-en** bzw. **-e** an, im Neutrum **-t**. Im Femininum und im Nominativ bzw. Akkusativ Plural erhält das Adjektiv keine Endung.

- Die attributiven Adjektive stehen immer vor dem Nomen.
  – Maskulinum Singular: **de / e jonke Mann** *der junge / ein junger Mann*
  – Femininum Singular: **déi / eng jonk Frau** *die / eine junge Frau*
  – Neutrum Singular: **dat / e jonkt Kand** *das junge / ein junges Kind*
  – Neutrum Plural: **déi jonk Leit / jonk Leit** *die jungen / junge Leute*

- Die prädikativen Adjektive sind stets unveränderlich.
  – Maskulinum: **De Mann ass jonk** *Der Mann ist jung*
  – Plural: **D'Leit si jonk** *Die Leute sind jung*

KAPITEL 2: ARTIKEL

5 Ergänzen Sie den unbestimmten Artikel und die Adjektivendung. Das Genus des Nomens ist in Klammern angegeben.
Beispiel: .... al .... Gare (f.) *ein alter Bahnhof* → eng al Gare

a. .... **nei** .... **Tram** (m.) *eine neue Straßenbahn*

b. .... **schéin** .... **Buch** (n.) *ein schönes Buch*

c. .... **grouss** .... **Dësch** (m.) *ein großer Tisch*

d. .... **kleng** .... **Stull** (m.) *ein kleiner Stuhl*

e. .... **deier** .... **Haus** (n.) *ein teures Haus*

f. .... **al** .... **Vëlo** (m.) *ein altes Fahrrad*

g. .... **modern** .... **Posch** (f.) *eine moderne Handtasche*

h. .... **breet** .... **Strooss** (f.) *eine breite Straße*

i. .... **kleng** .... **Hond** (m.) *ein kleiner Hund*

j. .... **léif** .... **Kaz** (f.) *eine liebe Katze*

6 Ergänzen Sie die passende Singularform und ein Adjektiv.
Beispiel: Haiser → *en deiert Haus*

a. **Bicher** *Bücher* → ....

b. **Fraen** *Frauen* → ....

c. **Stroossen** *Straßen* → ....

d. **Kazen** *Katzen* → ....

e. **Vëloen** *Fahrräder* → ....

f. **Poschen** *Handtaschen* → ....

g. **Männer** *Männer* → ....

h. **Hënn** *Hunde* → ....

i. **Kanner** *Kinder* → ....

KAPITEL 2: ARTIKEL

Im Luxemburgischen geht dem Vornamen immer der bestimmte Artikel **den** oder **de** voran, außer in Ausdrücken wie **Ech heeschen ...** *Ich heiße ...* oder **Main Numm ass ...** *Mein Name ist ...* (das Personalpronomen ist selbstverständlich austauschbar).

7 Ergänzen Sie je nach Geschlecht der Person die Artikel <u>de(n)</u> oder <u>d'</u>.

a. .... Paul   e. .... Andrea   i. .... Gil

b. .... Luca   f. .... Metti   j. .... Jeanne

c. .... Kim   g. .... Tun

d. .... Leo   h. .... Kätti

Zahlreiche luxemburgische Vornamen sind von französischen Vornamen abgeleitet.

Welche französischen Vornamen erkennen Sie in den folgenden luxemburgischen Namen?

Jang - Metti - Heng - Tun - Kätti - Tréis - Jemp - Änder

Antwort: Jang → Jean *Johannes*, Metti → Mathieu oder Mathias, Heng → Henri *Heinrich*, Tun → Antoine *Anton*, Kätti → Catherine *Katrin*, Tréis → Thérèse *Therese*, Jemp → Jean-Pierre *Hans-Peter* oder Jean-Paul *Hans-Paul*, Änder → André oder Andrée *Andreas/Andrea*.

Fragepronomen im Nominativ und Akkusativ

Mit den folgenden Wendungen stellt man Fragen mit *Wer?*, *Was?* oder *Wen?*, fragt also nach einem Subjekt oder einem Akkusativobjekt:

Nominativ: **Wien ass dat?** *Wer ist das?*; **Wat ass dat?** *Was ist das?*

Akkusativ: **Wie kenns du?** *Wen kennst du?*; **Wat drénks du?** *Was trinkst du?*

KAPITEL 2: ARTIKEL

8 Ergänzen Sie *Wien? Wat? Wie?*

a. .... ass dat? En neien Auto.

b. .... ass dat? De Pierre Perreira.

c. .... drénks du? E Kaffi.

d. .... drénkt e Kaffi? De Paul.

e. .... wunnt an der Stad? D'Catherine an de Luc.

Zusammengesetzte Nomen

- Wie das Deutsche verfügt auch das Luxemburgische über zahlreiche zusammengesetzte Nomen, die aus zwei oder drei Komponenten bestehen. So kennt man auch in Luxemburg **eng Hausdier** *eine Haustür* oder **en Wartesall** *ein Wartezimmer*. Das letzte Element bestimmt wie im Deutschen über das Geschlecht der Zusammensetzung.
- **Beachten Sie**: Auch bei zusammensetzten Nomen gilt die **n**-Regel:
  – **Wäin** + **Glas** = **Wäiglas** *Weinglas*

9 Bilden Sie zusammengesetzte Nomen und ergänzen Sie den unbestimmten Artikel.

a. *Küchentisch*
   → ....

b. *Regenmantel*
   → ....

c. *Kinderbuch*
   → ....

d. *Sonnenbrille*
   → ....

e. *Herrenschuh*
   → ....

Wortschatz

Brëll (m.) *Brille*

Buch (n.) *Buch*

Dësch (m.) *Tisch*

Hären (Pl.) *Herren*

Kanner (Pl.) *Kinder*

Kichen (f.) *Küche*

Mantel (m.) *Mantel*

Reen (m.) *Regen*

Sonn (f.) *Sonne*

Schong (m.) *Schuh*

Ausgezeechent! Sie haben das 2. Kapitel durchgearbeitet! Bewerten Sie Ihre Übungsergebnisse und tragen Sie sie hier und in der Punktetabelle auf Seite 128 ein.

3
Mehrzahl (Plural) der Nomen

Allgemeine Informationen zur Pluralbildung

- Es gibt keine allgemeingültige Regel für die Pluralbildung bei Nomen. Die am häufigsten benutzte Pluralendung ist **-en**; sie wird unabhängig vom Genus des Wortes benutzt, allerdings selten für neutrale Nomen.

  – **Af** (m.) *Affe* → **Afen**

  – **Apdikt** (f.) *Apotheke* → **Apdikten**

  – **Messer** (n.) *Messer* → **Messeren**

- Wörter französischen Ursprungs und Lehnwörter aus anderen Sprachen bilden den Plural im Allgemeinen mit der Endung **-en**.

  – **Client** (m.) *Kunde, Gast* → **Clienten**

  – **Restaurant** (m.) *Restaurant* → **Restauranten**

- Weibliche Nomen, die auf **-in** enden, bilden den Plural mit der Endung **-nen**.

  – **Musikerin** (f.) *Musikerin* → **Musikerinnen**

- Eine weitere, sehr häufige Pluralendung ist **-er**. Man findet sie häufig bei männlichen und neutralen Nomen, niemals jedoch bei weiblichen Nomen.

  – **Dësch** (m.) *Tisch* → **Dëscher**

---

❶ Die folgenden Nomen bilden ihren Plural durch Anfügen der Endung -en. Schreiben Sie die Pluralform aus.

a. **Dier** (f.) *Tür* → ....

b. **Fra** (f.) *Frau* → ....

c. **Här** (m.) *Herr* → ....

d. **Tut** (f.) *Tüte* → ....

e. **Läffel** (m.) *Löffel* → ....

KAPITEL 3: MEHRZAHL (PLURAL) DER NOMEN

2 Die folgenden Nomen bilden ihren Plural durch Anfügen der Endung -er. Schreiben Sie die Pluralform aus.

a. **Dësch** (m.) *Tisch*
→ ....

b. **Moment** (m.) *Moment*
→ ....

c. **Häerz** (n.) *Herz*
→ ....

d. **Kräiz** (n.) *Kreuz*
→ ....

e. **Problem** (m. oder n.) *Problem*
→ ....

Besonderheiten

- Bestimmte Nomen verändern sich im Plural nicht. Es handelt sich um Nomen, die nur aus einer Silbe bestehen, männliche Nomen auf **-er**, die Nationalitäten bezeichnen, oder Nomen, die im Singular auf **-en** enden.
  - **Fësch** (m.) *Fisch* → **Fësch**
  - **Schong** (m.) *Schuh* → **Schong**
  - **Hollänner** (m.) *Niederländer* → **Hollänner**
  - **Decken** (f.) *Decke* → **Decken**
- Weitere Pluralbildungen:
  - Vokalwechsel im Wortinneren wie **Stull** (m.) *Stuhl* → **Still** oder Umwandlung des Vokals in einen Umlaut: **Angscht** (f.) *Angst* → **Ängscht**;
  - Vokalwechsel und Anfügen einer Endung: **Buch** (n.) *Buch* → **Bicher**;
  - Vokal- und Konsonantenwechsel: **Hond** (m.) *Hund* → **Hënn**;
  - Vokal- und Konsonantenwechsel und Anfügen einer Endung: **Band** (n.) *Band* → **Bänner**.

KAPITEL 3: MEHRZAHL (PLURAL) DER NOMEN

3 Ordnen Sie die Singularwörter den passenden Pluralwörtern zu.

a. **Apel** *Apfel* ☐   ☐ Tier
b. **Bic** *Kugelschreiber* ☐   ☐ Blieder
c. **Blat** *Blatt* ☐   ☐ Hefter
d. **Blumm** *Blume* ☐   ☐ Classeuren
e. **Classeur** *Ordner* ☐   ☐ Blummen
f. **Dokter** *Arzt* ☐   ☐ Bicker
g. **Fouss** *Fuß* ☐   ☐ Strëmp
h. **Frënd** *Freund* ☐   ☐ Männer
i. **Frëndin** *Freundin* ☐   ☐ Äppel
j. **Heft** *Heft* ☐   ☐ Frënn
k. **Mann** *Mann* ☐   ☐ Dokteren
l. **Numm** *Name* ☐   ☐ Frëndinnen
m. **Päerd** *Pferd* ☐   ☐ Nimm
n. **Strëmp** *Strumpf* ☐   ☐ Päerd
o. **Tour** *Tour, Runde* ☐   ☐ Féiss

4 Im Gitter sind (waagerecht, senkrecht und diagonal) acht Pluralwörter versteckt.

```
L  Z  H  Y  O  X  Q  P  V  D  B  B
S  I  I  Z  Z  D  I  E  R  E  N  Z
O  Z  C  E  D  S  M  S  U  H  Z  S
A  F  R  Ë  N  D  I  N  N  E  N  C
K  L  Z  R  K  O  P  A  D  L  D  H
E  M  H  W  M  U  V  M  T  K  P  O
L  A  V  Ë  O  H  O  O  B  H  N  N
J  U  J  G  N  J  A  T  R  J  E  G
K  T  B  X  A  N  C  I  B  L  U  F
F  O  X  C  S  R  Y  E  S  K  E  I
Q  E  G  X  E  V  Z  M  E  E  N  J
S  N  O  D  K  K  A  N  N  E  R  Y
```

Als kleine Hilfestellung ist hier die deutsche Übersetzung der gesuchten Wörter:

Hunde, Autos, Türen, Schuhe, Kinder, Freundinnen, Häuser, Autoreifen

KAPITEL 3: MEHRZAHL (PLURAL) DER NOMEN

5 Ergänzen Sie die Singularformen der unten angegebenen Pluralwörter.

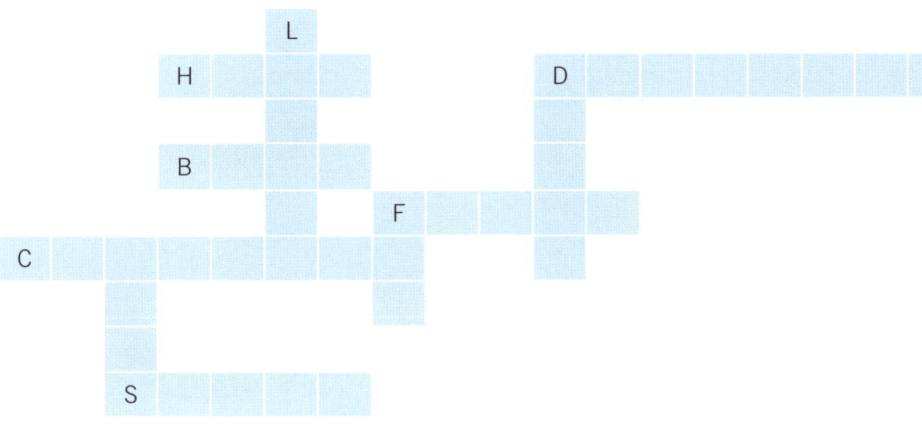

Senkrecht

Luuchten *Lampen*
Dëscher *Tische*
Fraen *Frauen*
Mais *Mäuse*

Waagerecht

Haiser *Häuser*
Dänzerinnen *Tänzerinnen*
Bicher *Bücher*
Fësch *Fische*
Computeren *Computer*
Still *Stühle*

Grundzahlen von 0 bis 10

0	null	[*nul*]
1	eent	[*e:nt*]
2	zwee	[*tßwe:*]
3	dräi	[*dräi*]
4	véier	[*fei^a*]
5	fënnef	[*fönöf*]
6	sechs	[*säkß*]
7	siwen	[*si:wön*]
8	aacht	[*a:CHt*]
9	néng	[*nen^g*]
10	zéng	[*tßen^g*]

- Beim Zählen sagt man **een Auto** *ein Auto*, **eng Dier** *eine Tür*, **een Hiem** *ein Hemd*, wobei für die Ziffer *1* bei männlichen und neutralen Nomen die Ziffer **een** benutzt wird und bei weiblichen Nomen **eng**, beide identisch mit dem unbestimmten Artikel.

- Für die Ziffer *2* existiert eine männliche bzw. neutrale Form (**zwee**) und eine weibliche Form (**zwou**).

KAPITEL 3: MEHRZAHL (PLURAL) DER NOMEN

6 Schreiben Sie die Entsprechungen für 1 und 2 aus.
Beispiel: Dier (f.) → eng Dier / zwou Dieren

a. .... Schong (m.)   .... Schong
b. .... Mann (m.)   .... Männer
c. .... Fra (f.)   .... Fraen
d. .... Taass (f.)   .... Tasen
e. .... Hand (f.)   .... Hänn
f. .... Buch (n.)   .... Bicher
g. .... Kaz (f.)   .... Kazen
h. .... Kaffi (m.)   .... Kaffien

7 Schreiben Sie die Ziffern aus und ergänzen Sie die Pluralform der abgebildeten Gegenstände. Beispiel: 4 → véier Dëscher

→ .... → .... → ....

→ .... → .... → ....

→ .... → .... → ....

Wierklech gutt! Das 3. Kapitel ist beendet! Bewerten Sie Ihre Übungsergebnisse und tragen Sie sie hier und in der Punktetabelle auf Seite 128 ein.

4 Grundzahlen und Uhrzeiten

Schreibung der Zahlen

- Bis 999.999 werden alle Zahlen zusammengeschrieben: **nénghonnertnéngannonzegdausendnénghonnertnéngannonzeg**.
- Die ausgeschriebene Version der Zahlen von 0-12 muss man lernen.
- Von 13-19 nennt man zunächst die Einerzahl, die jedoch je nach Zahl leicht abweichen kann: **fof**- anstelle von **fënnef**, **siech**- (oder **sech**-) anstelle von **sechs**, **siwwen**- anstelle von **siwen**, **uech**- (oder **ach**-) anstelle von **aacht**, **non**- anstelle von **néng**; danach ergänzt man -**zéng**.
- Bei den Zehnerzahlen 20 und 40-90 benutzt man die zuvor genannten Zahlwörter und ergänzt -**zeg**.
- Für die Zahlen von 20-99 nennt man die Einer-, dann die Zehnerzahlen, dazwischen fügt man **a(n)** ein. Beispiel: 47 = 7 + 40 = **siwenavéierzeg**.

0	null	[nul]	19	nonzéng	[nontßen^g]
1	eent	[e:nt]	20	zwanzeg	[tßwantßech]
2	zwee (m./n.)/ zwou (f.)	[tßwe:]/ [tßwou]	21	eenanzwanzeg	[e:nantßwantßech]
3	dräi	[dräi]	22	zweeanzwanzeg	[tßwe:antßwantßech]
4	véier	[fei^a]	30	drësseg	[drößech]
5	fënnef	[fönöf]	40	véierzeg	[fei^a tßech]
6	sechs	[säkß]	50	fofzeg	[foftßech]
7	siwen	[si:wön]	60	siechzeg	[siöchtßech]
8	aacht	[a:CHt]	70	siwwenzeg	[si:wöntßech]
9	néng	[nen^g]	80	uechtzeg/achtzeg	[uöchtßech, aCHtßech]
10	zéng	[tßen^g]	90	nonzeg	[nontßech]
11	eelef	[e:löf]	100	honnert	[hon^a t]
12	zwielef	[tßwiölöf]	200	zweehonnert	[tßwe:hon^a t]
13	dräizéng	[drä:itßen^g]	1 000	dausend	[dausönt]
14	véierzéng	[fei^a tßen^g]	10 000	zéngdausend	[tßen^g dausönt]
15	fofzéng	[foftßen^g]	100 000	honnertdausend	[hon^a tdausönt]
16	siechzéng	[siöchtßen^g]	1 000 000	eng Millioun	[än^g miljoun]
17	siwwenzéng	[si:wöntßen^g]	2 000 000	zwou Milliounen	[tßwou miljounön]
18	uechtzéng	[uöchtßen^g]			

KAPITEL 4: GRUNDZAHLEN UND UHRZEITEN

1 Die Frage nach dem Alter einer Person lautet „Wéi al sidd Dir?". Bilden Sie Sätze mit Ech hu(nn) ... Joer. *Ich bin ... Jahre alt* und schreiben Sie die Altersangaben aus.
Beispiel: 63 → Ech hunn dräiasiechzeg Joer.

a. 36 → Ech hu(nn) .... Joer.

b. 52 → .... Joer.

c. 45 → .... Joer.

d. 87 → .... Joer.

e. 24 → .... Joer.

2 Um nach einem Preis zu fragen, benutzt man „Wat kascht dat?". Schreiben Sie Sätze mit Dat kascht ... € *Das kostet ... Euro* und schreiben Sie die Zahlen aus.

a. 25 → Dat kascht .... €.

b. 81 → .... €.

c. 98 → .... €.

d. 122 → .... €.

e. 2563 → .... €.

3 Ordnen Sie die ausgeschriebenen Zahlen den in Ziffern geschriebenen zu.

a. aachthonnertsiwenanachtzeg ☐   ☐ 745

b. fënnefdausenddräiannonzeg ☐   ☐ 915

c. fënnefdausendnéngandrësseg ☐   ☐ 2098

d. néngdausendfofzeg ☐   ☐ 887

e. nénghonnertfofzéng ☐   ☐ 5039

f. siwenhonnertfënnefavéierzeg ☐   ☐ 5093

g. zweedausendaachtannonzeg ☐   ☐ 9050

KAPITEL 4: GRUNDZAHLEN UND UHRZEITEN

Mathematische Operationen

+ plus   **−** minus   **×** mol   **:** gedeelt duerch   **=** ass

Beispiel: 1 + 1 = 2 → eent plus eent ass zwee

4 Ergänzen Sie die Ergebnisse in Ziffern.
Beispiel: véier plus véier ass → 8

a. siwwenzéng minus fënnef ass → ....

b. dräianzwanzeg plus zweeanzwanzeg ass → ....

c. uechtzéng mol zwee ass → ....

d. fënnefavéierzeg gedeelt duerch néng ass → ....

e. siwenannonzeg minus siwwenzéng ass → ....

f. siwwenzeg mol dräi as → ....

Uhrzeiten

- Die Frage nach der Uhrzeit lautet **Wéi vill Auer ass et?** *Wie viel Uhr ist es?* oder **Wéi spéit ass et?** *Wie spät ist es?*

Man antwortet **Et ass … Auer** *Es ist … Uhr* für die vollen Stunden. Das Format für die Uhrzeiten ist immer das 12-Stunden-Format.

Da **Auer** ein weibliches Nomen ist, muss man sagen **Et ass eng** (*eine*) **Auer**, et ass zwou (*zwei*) **Auer**.

- Geht aus dem Kontext nicht hervor, von welcher Tageszeit die Rede ist (z. B. kann **Et ass dräi Auer** sowohl *drei Uhr in der Nacht* als auch *drei Uhr nachmittags* sein) kann man mit **moies** *morgens*, **nomëttes** *nachmittags*, **owes** *abends* oder **nuets** *nachts* präzisieren.

  – **Den Zuch fiert um 10 Auer moies**. *Der Zug fährt um 10 Uhr morgens ab.*

  – **Den Zuch fiert um 10 Auer owes**. *Der Zug fährt um 10 Uhr abends (= 22 Uhr) ab.*

- Zwei weitere Zeitangaben für volle Stunden lauten **Et ass Mëtteg** … *12 Uhr mittags* und **Et ass Hallefnuecht** oder **Mëtternuecht** … *12 Uhr nachts/Mitternacht*.

KAPITEL 4: GRUNDZAHLEN UND UHRZEITEN

5 Geben Sie die Uhrzeit im 12-Stunden-Format und die jeweilige Tageszeit an.
Beispiel: Es ist 2 Uhr. → Et ass zwou Auer nuets.

a. Es ist 8 Uhr. → ....

b. Es ist 17 Uhr. → ....

c. Es ist 21 Uhr. → ....

d. Es ist 4 Uhr. → ....

e. Es ist 12 Uhr. → ....

- **Auer** wird nur bei der vollen Stunde benutzt. Für die Zeit zwischen der vollen und der nächsten halben Stunde verwendet man **op** *auf, nach*, für die Zeit nach der halben Stunde **vir** *vor* oder **bis** *bis*. Die Minuten stehen vor der Stundenangabe.
  – **20 op 10** zwanzeg op zéng *20 nach zehn* – **20 vir 11** zwanzeg vir eelef *20 vor elf*.
  – **Den Zuch fiert um 10 bis** *Der Zug fährt um 10 vor* (wenn volle Stunde bekannt).

- Die halbe Stunde heißt **hallwer**, danach nennt man die nächste volle Stunde:
  hallwer 11 *halb elf*.

- Zeitangaben um die halbe Stunde herum werden wie im Deutschen gebildet:
  – **fënnef vir hallwer** *fünf vor halb* – **fënnef op hallwer** *fünf nach halb*.

- **Véierel** heißt *Viertel*.

10.00 h	zéng Auer	**10.25 h**	fënnef vir hallwer 11	**10.50 h**	zéng vir 11
10.05 h	fënnef op 10	**10.30 h**	hallwer 11	**10.55 h**	fënnef vir 11
10.10 h	zéng op 10	**10.35 h**	fënnef op hallwer 11	**11.00 h**	eelef Auer
10.15 h	Véierel op 10	**10.40 h**	zwanzeg vir 11		
10.20 h	zwanzeg op 10	**10.45 h**	Véierel vir 11		

- Im administrativen Kontext, bei Fahrplänen, Veranstaltungsprogrammen und Ähnlichem benutzt man das folgende Format:
  – **Et ass zéng Auer dräianzwanzeg.** *Es ist zehn Uhr 23.*

6 Geben Sie die Uhrzeit in Ziffern an.
Beispiel: Et ass hallwer aacht moies. → 7.30 Uhr

a. Et ass Véierel vir néng owes. → ......

b. Et ass fënnef op zwielef mëttes. → ......

c. Et ass zwanzeg op zwou nuets. → ......

d. Et ass zéng op siwen owes. → ......

e. Et ass fënnef vir hallwer néng moies.
→ ......

KAPITEL 4: GRUNDZAHLEN UND UHRZEITEN

7 Markieren Sie die richtige Antwort.

a. **10.40 Uhr**
☐ zwanzeg vir eelef
☐ zwanzeg vir zéng

b. **13.25 Uhr**
☐ fënnef vir hallwer zwou
☐ fënnef op hallwer zwou

c. **0.00 Uhr**
☐ Mëtteg
☐ Mëtternuecht

d. **8.20 Uhr**
☐ zwanzeg op aacht owes
☐ zwanzeg op aacht moies

e. **17.30 Uhr**
☐ hallwer sechs
☐ hallwer fënnef

8 Schreiben Sie die Uhrzeiten aus und geben Sie die Tageszeit an.
Beispiel 16.20 Uhr → zwanzeg op véier nomëttes

a. 5.30 Uhr
→ ....

b. 18.35 Uhr
→ ....

c. 13.50 Uhr
→ ....

d. 10.15 Uhr
→ ....

e. 23.30 Uhr
→ ....

f. 9.40 Uhr
→ ....

g. 16.55 Uhr
→ ....

9 Schreiben Sie die Uhrzeiten aus.
Beispiel: Den Zuch fiert ... um 10.21.
→ Den Zuch fiert um zéng Auer eenanzwanzeg.

Den Zuch fiert ...
a. ... um 13.06
→ ....

b. ... um 21.24
→ ....

c. ... um 15.05
→ ....

d. ... um 22.08
→ ....

e. ... um 8.57
→ ....

f. ... um 11.39
→ ....

Wonnerbar! Sie sind am Ende des 4. Kapitels angekommen! Bewerten Sie Ihre Übungsergebnisse und tragen Sie sie hier und in der Punktetabelle auf Seite 128 ein.

5
Personalpronomen

- Im Singular unterscheidet man die Personalpronomen **ech**, **du**, **hien/si/hatt**.

  Die Pronomen **ech**, **du** und **mir** entsprechen *ich*, *du* und *wir*. In der 3. Person Singular unterscheidet das Luxemburgische drei Geschlechter: **hien** *er* für das Maskulinum, **si** *sie* für das Femininum und **hatt** *es* für das Neutrum. **Hatt** wird auch für ein Mädchen oder eine junge Frau benutzt, wenn man ihren Vornamen kennt.

  Man sagt also **Dat ass d'Madamm Keller. Si wunnt an der Stad.** *Das ist Frau Keller. Sie wohnt in der Stadt Luxemburg.* Aber: **Dat ass d'Lydie. Hatt wunnt an der Stad.** *Das ist Lydie. Sie wohnt in der Stadt Luxemburg.*

- Die Personalpronomen der 3. Person Singular **hien** und **hatt** werden nur für Personen angewandt. Für Gegenstände benutzt man **en** und **et**.

- Im Plural unterscheidet man die Personalpronomen **mir** *wir*, **dir** *ihr* / **Dir** *Sie* und **si** *sie*.

  Wie im Deutschen wird die Höflichkeitsform **Dir** großgeschrieben.

  Im Plural wird nicht zwischen den Geschlechtern unterschieden. Das Pronomen der 3. Person Plural lautet immer **si**.

  – **Dat sinn den Här an d'Madamm Keller. Si wunnen an der Stad.** *Dies sind Herr und Frau Keller. Sie wohnen in der Stadt Luxemburg.*

❶ Markieren und korrigieren Sie etwaige Fehler.

a. D'Buch ass nei. Hatt kascht 20 €. (*Es kostet 20 €.*)

b. D'Haus ass schéin. Et ass och deier.

c. D'Madamm Schmit wunnt an der Stad. Hatt schafft op enger Bank.
   (*Sie arbeitet in einer Bank.*)

d. Den Här an d'Madamm Ewan sinn Amerikaner. Dir wunnt zu New York.

e. De Paul ass Lëtzebuerger. Hatt ass Architekt.

f. Ech hunn en neien Auto. Hien ass immens flott.

KAPITEL 5: PERSONALPRONOMEN

 Ergänzen Sie das passende Personalpronomen.

a. .... **wunnen an der Stad.** *Wir wohnen in der Stadt.*

b. .... **sinn Amerikaner.** *Sie* (3. Person Plural) *sind Amerikaner.*

c. **D'Léa ass krank.** .... **bleift haut doheem.**
   Lea ist krank. Sie bleibt heute zu Hause.

d. .... **wunnt zu Paräis.** *Er wohnt in Paris.*

e. .... **bleiwen haut doheem.** *Sie* (3. Person Plural) *bleiben heute zu Hause.*

f. **Madamm Gales,** .... **hutt muer e Rendez-vous.**
   Frau Gales, Sie haben morgen einen Termin.

g. **Kanner,** .... **kënnt elo kommen!** *Kinder, ihr könnt jetzt kommen!*

h. **D'Madamm Braun ass net do,** .... **ass am Ausland.**
   Frau Braun ist nicht da, sie ist im Ausland.

Konjugation der Verben hunn (haben) und sinn (sein) im Präsens

hunn	sinn
ech hunn	ech sinn
du hues	du bass
hien/si/hatt huet	hien/si/hatt ass
mir hunn	mir sinn
Dir/dir hutt	Dir/dir sidd
si hunn	si sinn

Wortschatz

Mann (m.) *Mann*
Fra (f.) *Frau*
Meedchen (n.) *Mädchen*
Jong (m.) *Junge*
Här (m.) *Herr*
Madamm (f.) *Frau*
Auto (m.) *Auto*
Buch (n.) *Buch*
Haus (n.) *Haus*
deier *teuer*
flott *hübsch, toll*
nei *neu*
schéin *schön*

KAPITEL 5: PERSONALPRONOMEN

Nach dem Alter fragen

- Um nach dem Alter einer Person zu fragen, verwendet man:
Wéi al bass du? *Wie alt bist du?* oder **Wéi al sidd Dir?**
Wie alt sind Sie? Die Antwort lautet **Ech hunn … Joer.**
Ich bin … Jahre alt.

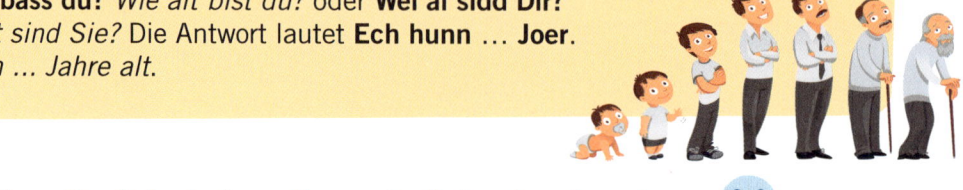

3 Ergänzen Sie die konjugierten Formen der Verben <u>hunn</u> bzw. <u>sinn</u>.

a. .... Dir vu Lëtzebuerg? Jo, ech .... e Lëtzebuerger Pass (*Pass*).

b. Wéi al .... de Paul? Hien .... zwanzeg Joer.

c. Wou .... mir hei? Mir .... an der Bibliothéik.

d. .... du e Buch? Ech .... zwee Bicher.

Duzen und Siezen

Die Regeln hinsichtlich der Verwendung der Duz- bzw. Siezform sind dieselben wie im Deutschen. Grammatikalisch entspricht die Siezform der 2. Person Plural (*ihr/Sie*).

4 Welche Form kommt in der Frage vor?

	Formelle Siezform	Duzen (Singular)	Duzen (Plural)
Wunnt Dir an der Stad?			
Hues du Zäit?			
Wat schafft Dir?			
Kommt dir mat an de Kino?			
Wéi al bass du?			

Perfekt! Sie haben das 5. Kapitel geschafft! Bewerten Sie Ihre Übungsergebnisse und tragen Sie sie hier und in der Punktetabelle auf Seite 128 ein.

Regelmäßige Verben im Präsens Indikativ

Konjugation

Die Konjugationsmuster der Verben sind im Luxemburgischen relativ regelmäßig.

- Der Infinitiv entspricht bei den meisten Verben der Form der 1. Person Singular (**ech**) bzw. der 1. (**mir**) und der 3. (**si**) Person Plural.

- In der 2. Person Singular (**du**) nimmt das Verb die Endung -**s** an (es sei denn, der Stamm endet auf -**s** oder -**z**).

- In der 3. Person Singular (**hien/si/hatt**) und in der 2. Person Plural (**dir/Dir**) lautet die Verbendung -**t**.

- Die Endungen werden an den Verbstamm angehängt. Es gibt keine Vokaländerung im Verbstamm (eine Ausnahme bilden die unregelmäßen Verben, mit denen wir uns im nächsten Kapitel beschäftigen).

Konjugation des regelmäßigen Verbs kucken *schauen*

kuck-**en**
ech kuck-**en**
du kuck-**s**
hien/si/hatt kuck-**t**
mir kucke-**en**
Dir/dir kuck-**t**
si kuck-**en**

Konjugieren Sie die Verben <u>wunnen</u> *wohnen*, <u>heeschen</u> *heißen* und <u>schwätzen</u> *sprechen* nach dem oben gezeigten Muster.

	wunnen	heeschen	schwätzen
ech			
du			
hie(n)/si/hatt			
mir			
Dir/dir			
si			

KAPITEL 6: REGELMÄSSIGE VERBEN IM PRÄSENS INDIKATIV

Wortschatz
Hier sehen Sie einige sehr gebräuchliche regelmäßige Verben:

drénken *trinken*	**lauschteren** *hören*	**schwätzen** *sprechen*
heeschen *heißen*	**léieren** *lernen*	**sichen** *suchen*
kachen *kochen*	**liesen** *lesen*	**spillen** *spielen*
kucken *schauen*	**schaffen** *arbeiten*	**wunnen** *wohnen*

2 Übersetzen Sie diese konjugierten Verben.

a. **wir lesen**
→ ....

b. **ihr wohnt**
→ ....

c. *du heißt*
→ ....

d. **er spricht**
→ ....

e. **sie suchen**
→ ....

f. **SIE TRINKT**
→ ....

g. **ich arbeite**
→ ....

h. **wir schauen**
→ ....

i. **sie hören**
→ ....

j. **du lernst**
→ ....

KAPITEL 6: REGELMÄSSIGE VERBEN IM PRÄSENS INDIKATIV

 Konjugieren Sie die Verben und setzen Sie die Formen in das Gitter ein.

Senkrecht

a. heeschen (dir)
b. lauschteren (ech)
c. schwätzen (du)
d. sichen (mir)
e. drénken (si, Singular)

Waagerecht

1. schaffen (Dir)
2. kucken (du)
3. wunnen (hatt)
4. kachen (mir)
5. invitéieren (si, Plural)

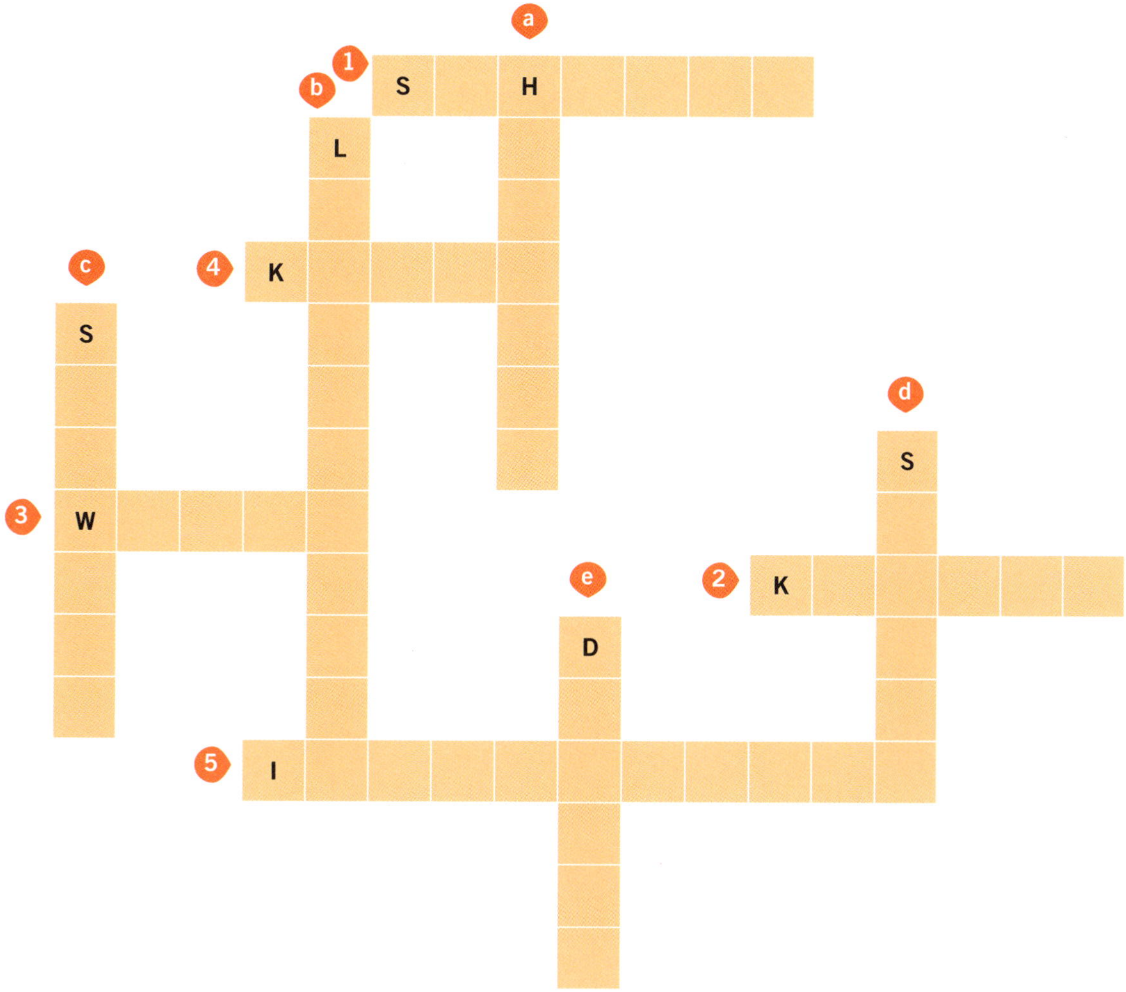

37

KAPITAL 6: REGELMÄSSIGE VERBEN IM PRÄSENS INDIKATIV

4 Ergänzen Sie die fehlenden Personalformen.

	sichen	spillen	liesen	léieren
ech	sichen			
du				léiers
hien/si/hatt		spillt	liest	
mir	sichen			
Dir/dir				léiert
si		spillen	liesen	

5 Beantworten Sie die Fragen unter Verwendung des konjugierten Verbs.

a. **Wou wunns du? Ech** .... **zu Paräis.** *Ich wohne in Paris.*

b. **Wat drénkt dir? Mir** .... **Waasser.** *Wir trinken Wasser.*

c. **Wat kacht dir? Mir** .... **eng Zopp.** *Wir kochen eine Suppe.*

d. **Wat kucken si? Si** .... **d'Tëlee.** *Sie schauen fern.*

e. **Wat sicht hien? Hie** .... **säi Brëll.** *Er sucht seine Brille.*

f. **Wat spills du? Ech** .... **Gittar.** *Ich spiele Gitarre.*

g. **Wat liest dir an der Klass? Mir** .... **Faust vum Goethe.**
Wir lesen Faust *von Goethe.*

KAPITEL 6: REGELMÄSSIGE VERBEN IM PRÄSENS INDIKATIV

6 Ergänzen Sie die korrekten Personalformen des Verbs <u>schwätzen</u>.

a. Ech .... Franséisch, ech komme vu Lyon.

b. D'Madamm Schmidt .... Däitsch, si kënnt vu Berlin.

c. Mir .... Englesch, mir komme vu Manchester.

d. D'Fatma .... Arabesch, hatt kënnt vun Alger.

e. De Claas .... Hollännesch, hie kënnt vu Rotterdam.

f. Ech .... Portugisesch, ech komme vu Faro.

g. Du .... Spuenesch, du kënns vu Valencia.

h. Hatt .... Ungaresch, hatt kënnt vu Budapest.

7 Kreuzen Sie das/die zur konjugierten Verbform passende/n Personalpronomen an.

	ech	du	hie(n)/si/hatt	mir	Dir/dir	si
léieren	☐	☐	☐	☐	☐	☐
kuckt	☐	☐	☐	☐	☐	☐
lies	☐	☐	☐	☐	☐	☐
wunnt	☐	☐	☐	☐	☐	☐
heeschen	☐	☐	☐	☐	☐	☐
kachs	☐	☐	☐	☐	☐	☐

Fantastesch! Das 6. Kapitel ist absolviert! Bewerten Sie Ihre Übungsergebnisse und tragen Sie sie hier und in der Punktetabelle auf Seite 128 ein.

Unregelmäßige Verben im Präsens Indikativ

Konjugation

- Die luxemburgischen Verben können nicht ohne Weiteres in Konjugationsgruppen oder in starke bzw. schwache Verben eingeteilt werden. Die meisten unregelmäßigen Verben zeigen ihre Unregelmäßigkeit nur in der 2. und 3. Person Singular in Form eines Stammvokalwechsels.

- In Bezug auf die Verbendungen findet man bei den unregelmäßigen Verben wie bei den regelmäßigen Verben ein relativ gleichmäßiges Konjugationsmuster vor. Der Infinitiv ist bei den meisten Verben identisch mit der Konjugationsform der 1. Person Singular (**ech**) und der 1. (**mir**) und 3. (**si**) Person Plural.

Beispiel für ein regelmäßiges Verb:
wunnen *wohnen*

ech wunn-en
du wunn-s
hien/si/hatt wunn-t
mir wunn-en
dir wunn-t
si wunn-en

Beispiel für ein unregelmäßiges Verb:
maachen *machen*

ech maach-en
du méch-s
hien/si/hatt méch-t
mir maach-en
dir maach-t
si maach-en

Wortschatz
Einige gebräuchliche unregelmäßige Verben:

fueren *fahren*

gesinn *sehen*

iessen *essen*

kafen *kaufen*

kommen *kommen*

loossen *lassen*

maachen *machen*

ruffen *rufen*

KAPITEL 7: UNREGELMÄSSIGE VERBEN IM PRÄSENS INDIKATIV

1 Sie wissen, dass in der 2. und 3. Person Singular derselbe Stammvokalwechsel auftritt. Konjugieren Sie die Verben in den angegebenen Personalformen.

a. **kommen** → du kënns → hie ....
b. **ruffen** → du .... → hie rifft
c. **loossen** → du léiss → hie ....
d. **fueren** → du .... → hie fiert
e. **kafen** → du keefs → hie ....
f. **iessen** → du .... → hien ësst
g. **maachen** → du méchs → hie ....
h. **gesinn** → du .... → hie gesäit

2 Wandeln Sie die Sätze von der Siez-Form (Dir) in die Duz-Form (du) um. Achtung: Die verwendeten Verben sind nicht alle unregelmäßig!

a. **Wou wunnt Dir?** *Wo wohnen Sie?*
→ ....

b. **Fuert Dir mam Auto schaffen?** *Fahren Sie mit dem Auto zur Arbeit?*
→ ....

c. **Wat fir eng Sprooch schwätzt Dir doheem?** *Welche Sprache sprechen Sie zu Hause?*
→ ....

d. **Kommt Dir aus engem europäesche Land?** *Kommen Sie aus einem europäischen Land?*
→ ....

e. **Wat maacht Dir de Weekend?** *Was machen Sie am Wochenende?*
→ ....

f. **Iesst Dir och gär Pizza?** *Essen Sie auch gerne Pizza?*
→ ....

g. **Wéi dacks gesitt Dir Är Frënn?** *Wie oft sehen Sie Ihre Freunde?*
→ ....

h. **Lauschtert Dir gär Musek?** *Hören Sie gerne Musik?*
→ ....

KAPITEL 7: UNREGELMÄSSIGE VERBEN IM PRÄSENS INDIKATIV

3 Ordnen Sie das konjugierte Verb dem passenden Infinitiv zu.

1. **droen** *tragen* ☐ ☐ **a.** du frees
2. **fannen** *finden* ☐ ☐ **b.** hie schléift
3. **froen** *fragen* ☐ ☐ **c.** du hëls
4. **ginn** *geben* ☐ ☐ **d.** hie kritt
5. **huelen** *nehmen* ☐ ☐ **e.** du séngs
6. **kréien** *erhalten* ☐ ☐ **f.** hie seet
7. **sangen** *singen* ☐ ☐ **g.** du verkeefs
8. **schlofen** *schlafen* ☐ ☐ **h.** hie gëtt
9. **schwammen** *schwimmen* ☐ ☐ **i.** du dréis
10. **soen** *sagen* ☐ ☐ **j.** hie schwëmmt
11. **verkafen** *verkaufen* ☐ ☐ **k.** du fënns

4 Vervollständigen Sie die Sätze unter Verwendung der Verben aus den Übungen 1-3.

a. **Wou** .... **du gär?** *Wo schwimmst du gerne?*

b. **D'Isabelle** .... **de Bus um aacht Auer.** *Isabelle nimmt den Bus um acht Uhr.*

c. **Wat** .... **de Proff?** *Was sagt der Professor?*

d. **D'Carole** .... **mam Auto an d'Vakanz.** *Carole fährt mit dem Auto in den Urlaub.*

e. **D'Jeanne** .... **net vill, hatt huet keen Honger.** *Jeanne isst nicht viel, sie hat keinen Hunger.*

f. **Wat** .... **du de Weekend?** *Was machst du am Wochenende?*

g. **De Paul** .... **an enger Chorale.** *Paul singt in einem Chor.*

KAPITEL 7: UNREGELMÄSSIGE VERBEN IM PRÄSENS INDIKATIV

5 Kreuzen Sie das/die zur konjugierten Verbform passende/n Personalpronomen an.

	ech	du	hien/si/hatt	mir	Dir/dir	si (Plural)
méchs	☐	☐	☐	☐	☐	☐
kënnt	☐	☐	☐	☐	☐	☐
kafen	☐	☐	☐	☐	☐	☐
fiert	☐	☐	☐	☐	☐	☐
ginn	☐	☐	☐	☐	☐	☐
frot	☐	☐	☐	☐	☐	☐
kommen	☐	☐	☐	☐	☐	☐
laaft	☐	☐	☐	☐	☐	☐
gëss	☐	☐	☐	☐	☐	☐
schléift	☐	☐	☐	☐	☐	☐

6 Vervollständigen Sie die Sätze unter Verwendung der gezeigten Verben.

a. Ech .... gär an d'Schoul.
b. De Pol .... e Kaddo (*Geschenk*) fir säi Gebuertsdag.
c. De Pappa .... en neien Auto.
d. D'Marta .... vill Sport.
e. Hatt .... him e Buch.
f. Du .... déi schwéier Tuten (*schwere Tüten*).
g. Mir .... den Owend Pizza.

maachen *machen*
goen *gehen*
iessen *essen*
ginn *geben*
kréien *erhalten*
kafen *kaufen*
droen *tragen*

Einige Besonderheiten

In einigen Fällen findet man nicht das allgemeine Konjugationsmuster vor, bei dem der Infinitiv mit den Formen der 1. Person Singular und der 1. und 3. Person Plural identisch ist.
– **goen** *gehen*: ech ginn, mir ginn, si ginn
– **stoen** *stehen*: ech stinn, mir stinn, si stinn
– **verstoen** *verstehen*: ech verstinn, mir verstinn, si verstinn

KAPITEL 7: UNREGELMÄSSIGE VERBEN IM PRÄSENS INDIKATIV

7 Konjugieren Sie die Verben im Präsens Indikativ.

	fahren	gehen	laufen	kaufen	kommen
ech	fueren				
du					
hien/si/hatt		geet			
mir			lafen		
Dir/dir				kaaft	
si					kommen

	verstehen	geben/werden	stehen	machen	finden
ech			stinn		
du	verstees				
hien/si/hatt		gëtt			
mir				maachen	
Dir/dir					
si					fannen

Verben goen und ginn

Diese beiden Verben sind leicht zu verwechseln, da sie eine fast identische Konjugation haben:

goen
gehen

ech **ginn**
du **gees**
hien/si/hatt **geet**
mir **ginn**
Dir/dir **gitt**
si **ginn**

ginn
geben; werden

ech **ginn**
du **gëss**
hien/si/hatt **gëtt**
mir **ginn**
Dir/dir **gitt**
si **ginn**

KAPITEL 7: UNREGELMÄSSIGE VERBEN IM PRÄSENS INDIKATIV

8 Finden Sie anhand des Kontextes oder der Konjugation heraus, ob es sich um das Verb <u>goen</u> oder das Verb <u>ginn</u> handelt.

a. Ech ginn all Dag an de Supermarché akafen. → ....
b. De Proff gëtt de Studenten eng Kopie. → ....
c. Wuer gees du an d'Vakanz? → ....
d. Mir ginn dacks an de Kino. → ....
e. Dir gitt mat mir schwammen. → ....
f. Fir Moien ze soen, ginn d'Lëtzebuerger sech dräi Beesen. → ....

Modalverben

Sie besitzen eine spezielle Konjugation und werden in der Regel mit einem weiteren Verb im Infinitiv kombiniert, das am Ende der Aussage steht.

	ech	du	hie(n)/si/hatt	mir	Dir/dir	si
mussen	muss	muss	muss	mussen	musst	mussen
sollen	soll	solls	soll	sollen	sollt	sollen
däerfen	däerf	däerfs	däerf	däerfen	däerft	däerfen
kënnen	kann	kanns	kann	kënnen	kënnt	kënnen
wëllen	wëll	wëlls	wëll*	wëllen	wëllt	wëllen

* Eine Variante lautet hien/si/hatt wëllt.

Verben <u>brauchen</u> und <u>wëssen</u>

Diese beiden sehr gebräuchlichen Verben weisen hinsichtlich ihrer Konjugation die folgenden Besonderheiten auf:

- Wie bei den Modalverben erhält ihr Stamm in der 1. und 3. Person Singular keine Endung.
- Im Gegensatz zu den Modalverben werden sie nicht mit einem weiteren Verb im Infinitiv verwendet, sondern mit einem Objekt.

	ech	du	hien/si/hatt	mir	Dir/dir	si
wëssen	weess	weess	weess	wëssen	wësst	wëssen
brauchen	brauch	brauchs	brauch	brauchen	braucht	brauchen

KAPITEL 7: UNREGELMÄSSIGE VERBEN IM PRÄSENS INDIKATIV

Wortschatz

brauchen *brauchen, benötigen*

däerfen *dürfen*

kënnen *können, vermögen, imstande sein*

mussen *müssen*

sollen *sollen*

wëllen *wollen*

wëssen *wissen, Kenntnis haben*

9 Ergänzen Sie die passende Konjugationsform des Verbs <u>kënnen</u> bzw. <u>däerfen</u>.

a. .... Dir Tennis spillen?

b. Ech .... de Film net kucken, ech hu keng Tëlee.

c. Mir .... am Restaurant net fëmmen (*rauchen*).

d. De Pierre ass Taxichauffer, hie .... gutt Auto fueren.

e. D'Marie huet 18 Joer, hatt .... elo an d'Disco goen.

10 Ergänzen Sie die passende Konjugationsform des Verbs <u>mussen</u> bzw. <u>sollen</u>.

a. D'Claudine ass Infirmière, hatt .... de Weekend schaffen.

b. Owes .... mir net sou vill iessen.

c. D'Kanner .... an d'Schoul goen.

d. Du .... Sport maachen, dat ass gutt fir d'Gesondheet.

e. Dir .... all Dag Vokabele léieren.

KAPITEL 7: UNREGELMÄSSIGE VERBEN IM PRÄSENS INDIKATIV

11 Markieren Sie das passende Modalverb.

a. **Kanns du / wëlls du / muss du Schi fueren?** *Kannst du Ski fahren?*

b. **Ech si krank, ech muss / ech kann / ech däerf bei den Dokter goen.**
Ich bin krank, ich muss zum Arzt gehen.

c. **Zu Lëtzebuerg muss een / däerf een / soll ee mat 16 Joer Alkohol drénken.**
In Luxemburg darf man mit 16 Jahren Alkohol trinken.

d. **Mir däerfen/mussen/wëllen am Juli an Italien an d'Vakanz fueren.**
Wir wollen im Juli nach Italien in den Urlaub fahren.

12 Ordnen Sie die Wörter so, dass sinnvolle Sätze entstehen.

a. schaffen wëllen mir Lëtzebuerg zu

b. muss du fannen en Appartement

c. haut Kino goen d'Paula an de däerf

d. fueren kann Auto d'Jeanne net

e. en neie ech Pass brauch

f. de Jacques all d'Äntwerten weess

g. solls du besser oppassen

a. → ....
b. → ....
c. → ....
d. → ....
e. → ....
f. → ....
g. → ....

Virbildlech! Sie haben das 7. Kapitel geschafft! Bewerten Sie Ihre Übungsergebnisse und tragen Sie sie hier und in der Punktetabelle auf Seite 128 ein.

8 Ortspräpositionen

- Die häufigsten Ortspräpositionen sind **an**, **bei** und **op**. Sie sind nicht immer eindeutig übersetzbar, aber im Allgemeinen kann man sie folgendermaßen wiedergeben:

  – **an** = *in* (abgeschlossener Raum)
  – **bei** = *bei* (Person, Institution, Firma, …), *in der Nähe von*
  – **op** = *auf* (offener Raum), *bei* (Behörde, Gemeinde, Post).

- Diesen Präpositionen folgt der Akkusativ, wenn ihnen ein Verb der Bewegung vorangeht (z. B. **goen** *gehen* oder **fueren** *fahren*) bzw. der Dativ, wenn ihnen ein statisches Verb vorangeht (z. B. **schaffen** *arbeiten*, **wunnen** *wohnen* …).

- Wie im Deutschen verändert sich die Präposition, wenn ihr ein maskulines oder neutrales Nomen folgt:

  – **an + dem** → **am**
  – **bei + dem** → **beim**
  – **op + dem** → **um**

Wortschatz

Bësch (m.) *Wald*
Dokter (m.) *Arzt*
Firma (f.) *Firma*
Klinick (f.) *Krankenhaus/Klinik*
Maart (m.) *Markt*
Post (f.) *Post*
Restaurant (m.) *Restaurant*
Schoul (f.) *Schule*
Spillplaz (f.) *Spielplatz*
Stad (f.) *Stadt*
Buttek (m.) *Geschäft*
Gemeng (f.) *Gemeinde*
goen *gehen*
Kierch (f.) *Kirche*
lafen *laufen*
Policebüro (m.) *Polizeidienststelle*
sichen *suchen*
Stadzentrum (m.) *Stadtzentrum*

KAPITEL 8: ORTSPRÄPOSITIONEN

1 Ergänzen Sie die passende Ortspräposition.

a. **Ech wunnen** (an der / bei der / op der) .... **Stad.**
   Ich wohne in der Stadt.

b. **Ech schaffe(n)** (an der / bei der / op der) .... **Firma Luxolux.**
   Ich arbeite für die Firma Luxolux.

c. **Mir kafen Uebst** (am/beim/um) .... **Maart.**
   Wir kaufen Obst auf dem Markt.

d. **Hatt joggt all Dag** (am/beim/um) .... **Bësch.**
   Sie joggt jeden Tag im Wald.

e. **D'Kanner spillen** (an der / op der / bei der) .... **Spillplaz.**
   Die Kinder spielen auf dem Spielplatz.

f. **Dir kaaft Timberen** (an der / op der / bei der) .... **Post.**
   Sie kaufen bei der Post Briefmarken.

g. (Am/Beim/Um) .... **Dokter musse mir ëmmer laang waarden.**
   Beim Arzt müssen wir immer lange warten.

h. **Léiers du Lëtzebuergesch** (an der / bei der / op der) .... **Schoul?**
   Lernst du Luxemburgisch in der Schule?

i. **Haut den Owend iesse mir** (am/beim/um) .... **Restaurant.**
   Heute Abend essen wir im Restaurant.

j. **Mäi Büro ass direkt** (an der / bei der / op der) .... **Klinick.**
   Mein Büro befindet sich gleich bei der Klinik.

2 Ergänzen Sie den passenden Artikel: **d'** für das Femininum oder Neutrum, **de** für das Maskulinum.

a. Ech lafe bis an .... Stadzentrum.

b. Du gees all sonndes an .... Kierch.

c. Den Daniel geet op .... Gemeng e Certificat sichen.

d. D'Madamm geet an .... Buttek akafen.

e. Gees du op .... Policebüro?

KAPITEL 8: ORTSPRÄPOSITIONEN

Wortschatz

Bank (f.) *Bank*
Bomi (f.) *Großmutter*
fueren *fahren*
iessen *essen*
kucken *schauen*
schaffen *arbeiten*
Theater (m.) *Theater*
waarden *warten*
Wartesall (m.) *Wartezimmer*

3 an, bei oder op? Ergänzen Sie die passende Ortspräposition.

a. Ech schaffen zënter 10 Joer _____ der Bank.

b. _____ der Bomi iessen ech ëmmer gutt!

c. Si kucken e Stéck vum Schiller _____ dem Theater.

d. Mir fuere reegelméisseg _____ Amsterdam.

e. D'Nicole fiert muer _____ de Claude.

f. Hie waart op den Dokter _____ dem Wartesall.

4 Ordnen Sie die Buchstaben und übersetzen Sie die Wörter.

a. **traMa** → ....

b. **tuBekt** → ....

c. **illlazpS** → ....

d. **louSch** → ....

e. **schëß** → ....

f. **daSt** → ....

KAPITEL 8: ORTSPRÄPOSITIONEN

Verkehrsmittel

- Geht man zu Fuß, sagt man **Mir ginn zu Fouss**.
- Für alle weiteren Fortbewegungsarten benutzt man die Präposition **mam** für männliche oder neutrale Nomen (**Mir fuere mam Auto**, **Moto**, **Schëff**) bzw. **mat der** für weibliche Nomen (ein sehr seltener Fall in diesem Wortfeld, z. B. **mat der Kutsch** *mit der Kutsche*).

Wortschatz

Auto (m.) *Auto*
Boot (n.) *Boot*
Bus (m.) *Bus*
Camion (m.) *Lkw*
Fliger (m.) *Flugzeug*
Helikopter (m.) *Hubschrauber*
Kutsch (f.) *Kutsche*
Moto (m.) *Motorrad*
Schëff (n.) *Schiff*
Taxi (m.) *Taxi*
Tram (m.) *Straßenbahn*
Vëlo (m.) *Fahrrad*
Zuch (m.) *Zug*
zu Fouss *zu Fuß*

5 Markieren Sie im Gitter die zehn unten abgebildeten Verkehrsmittel (waagerecht, senkrecht, diagonal) und schreiben Sie sie unter die Abbildungen.

→ ....

→ ....

→ .... → .... → .... → ....

→ .... → .... → .... → ....

KAPITEL 8: ORTSPRÄPOSITIONEN

6 Ergänzen Sie jeweils das der Abbildung entsprechende Wort sowie die Präposition <u>mam</u> oder <u>mat der</u>.

a. Ech fueren all Dag .... 🚗 schaffen.

Ich fahre jeden Tag mit dem Auto zur Arbeit.

b. Mir fléien dëst Joer .... ✈️ an d'Vakanz.

Wir fliegen dieses Jahr mit dem Flugzeug in den Urlaub.

c. De Paul geet ëmmer .... 👣 op de Büro.

Paul geht immer zu Fuß ins Büro.

d. D'Brautpuer fiert .... 🚙 an d'Kierch.

Das Brautpaar fährt mit der Kutsche in die Kirche.

e. De Mike fiert immens gär .... 🚲 .

Mike fährt sehr gerne mit dem Fahrrad.

f. Fiers du .... 🚂 oder .... 🚌 op Paräis?

Fährst du mit dem Zug oder mit dem Bus nach Paris?

Präpositionen und Städtenamen

Stadt heißt auf Luxemburgisch **Stad**. Da der Name des Landes identisch ist mit dem der Hauptstadt, benutzt man nur **An der Stad**, um auszudrücken, dass man in der Stadt Luxemburg arbeitet, wohnt usw.

- Will man sagen, dass man *in* einer Stadt wohnt, arbeitet, ausgeht usw., benutzt man fast immer die Präposition **zu**.

    – **Ech wunnen zu Esch, mee ech schaffen zu Diddeleng.** *Ich wohne in Esch, aber ich arbeite in Düdelingen.*

- Für eine Bewegung in eine Stadt verwendet man die Präposition **op**.

    – **Ech fueren op Diddeleng schaffen, owes fueren ech op Esch heem**. *Ich fahre zur Arbeit nach Düdelingen, abends fahre ich heim nach Esch.*

- Dasselbe gilt für die meisten Stadtviertel von Luxemburg-Stadt:

    – **Ech wunnen zu Beggen, ech fueren op Beggen.** *Ich wohne in Beggen, ich fahre nach Beggen.*

- Es gibt jedoch zahlreiche Ausnahmen und Sonderfälle; wir konzentrieren uns hier nur auf die regelmäßigen Fälle.

KAPITEL 8: ORTSPRÄPOSITIONEN

7 Geben Sie an, ob es sich um ein Verb der Bewegung handelt oder nicht. Übersetzen Sie dann das Verb.

	ja	nein	Übersetzung
goen	☐	☐	
schaffen	☐	☐	
fueren	☐	☐	
wunnen	☐	☐	
heeschen	☐	☐	
lafen	☐	☐	
waarden	☐	☐	
fléien	☐	☐	

Wortschatz

et gëtt *es gibt*
fléien *fliegen*
fueren *fahren*
goen *gehen*
schaffen *arbeiten*
sinn *sein*
wunnen *wohnen*

8 Ergänzen Sie je nach Verb die Präposition <u>zu</u> oder <u>op</u>.

zu   op

a. An der Vakanz fléie mir .... New York shoppen.

b. Fiert de Bus .... Clierf oder .... Wolz?

c. Ech wunne schonn 3 Joer .... Esch.

d. Schaffs du nach .... Gaasperech?

e. De Lëtzebuergeschcours ass net .... Beggen, mee .... Bouneweg.

f. Mir ginn ëmmer .... Réiden schwammen, do ass et flott.

g. .... Rëmeleng gëtt et e schéine Musée.

h. D'Marie geet .... London studéieren.

Groussaarteg! Sie haben das 8. Kapitel geschafft! Bewerten Sie Ihre Übungsergebnisse und tragen Sie sie hier und in der Punktetabelle auf Seite 128 ein.

Herkunfts- und Sprachenbezeichnungen

Verwendung von aus und vun

- Möchten Sie ausdrücken, woher Sie stammen, benutzen Sie die Präposition **aus**, sofern von einem Land oder Kontinent die Rede ist, oder **vun** für eine Stadt oder Insel.
- Kommt man aus der Stadt Luxemburg, sagt man: **Ech kommen aus der Stad.**

Die Stadtviertel

- Die Namen von Stadtvierteln werden in der Regel wie Städtenamen betrachtet. Will man ausdrücken, dass man aus einem bestimmten Stadtviertel stammt oder gerade von dort kommt, sagt man:
    - **Ech komme vu(n)…** *Ich komme aus …*
    - **Ech si vu(n)…** *Ich bin aus …*
    - **Ech komme vu Bouneweg, vu Märel, vun Hollerech, vun Zéisseng.**
- Aber Vorsicht: Es gibt zahlreiche Ausnahmen!

Wortschatz

China *China*
Däitschland *Deutschland*
d'Belsch *Belgien*
d'Schwäiz *Schweiz*
d'U.S.A. *Vereinigte Staaten*
Dänemark *Dänemark*
England *England*
Finnland *Finnland*
Frankräich *Frankreich*
Holland *Niederlande*
Italien *Italien*
Lëtzebuerg *Luxemburg*
Portugal *Portugal*
Russland *Russland*
Schweden *Schweden*
Spuenien *Spanien*
Tunesien *Tunesien*

KAPITEL 9: HERKUNFTS- UND SPRACHENBEZEICHNUNGEN

1 Ergänzen Sie jeweils <u>aus</u> oder <u>vu(n)</u>.

a. Ech kommen ……… Italien, ……… Roum.
An Dir? ……… Frankräich, ……… Paräis.

b. Ech kommen ……… Tunesien, ……… Tunis.
An Dir? ……… der Belsch, ……… Arel.

c. Ech kommen ……… Spuenien, ……… Madrid.
An Dir? ……… Lëtzebuerg, ……… Miersch.

d. Ech kommen ……… China, ……… Shanghai.
An Dir? ……… Portugal, ……… Lissabon.

e. Ech kommen ……… Däitschland, ……… Berlin.
An Dir? ……… England, ……… London.

2 Ordnen Sie die Spezialitäten dem jeweiligen Ursprungsland zu.

Bacalhau
→ aus Portugal

Pizza
→ ………………

Vodka
→ ………………

Kachkéis
→ ………………

Sushi
→ ………………

Baguette
→ ………………

Paëlla
→ ………………

Japan   Russland   Italien   Frankräich
Spuenien   Lëtzebuerg   (Portugal)

KAPITEL 9: HERKUNFTS- UND SPRACHENBEZEICHNUNGEN

3 Ordnen Sie den Sätzen das passende Land / die passende Stadt sowie die korrekte Präposition (<u>aus</u> oder <u>vu(n)</u>) zu.

a. Ech schwätzen Englesch, ech kommen ……… ……………….

b. D'Madamm Müller schwätzt Däitsch; si kënnt ……… ……………….

c. Dir schwätzt Franséisch, dir kommt ……… ……………….

d. De Pol schwätzt Arabesch; hie kënnt ……… ……………….

e. D'Judith schwätzt Hollännesch, hatt kënnt ……… ……………….

f. Ech schwätze Spuenesch, ech komme ……… ……………….

g. Du schwätz Portugisesch, du këmns ……… ……………….

h. Hie schwätzt Ungaresch, hie kënnt ……… ……………….

Budapest
Madrid
Däitschland
Tunesien
England
Amsterdam
Frankräich
Lissabon

Das Genus der Länder

Im Allgemeinen sind Ländernamen neutral und treten ohne Artikel auf. Es gibt jedoch einige Ausnahmen: Bestimmte Ländernamen sind weiblich (**d'Schwäiz, d'Tierkei, d'Belsch, d'Tschechesch Republik, d'Dominikanesch Republik**), andere männlich (**den Iran, den Irak, de Kosovo, de Vietnam**) oder sie stehen im Plural (**d'U.S.A.**).

4 Ordnen Sie die Ländernamen der passenden Rubrik zu.

Albanien Bosnien und Herzegowina China Däitschland d'Belsch
d'Dominikanesch Republik de Kosovo de Vietnam d'Schwäiz d'Tierkei
d'U.S.A. Frankräich Italien de Cambodge Mazedonien Portugal Spuenien

Ech kommen aus (n.)	Ech kommen aus der (f.)	Ech kommen aus dem (m.)	Ech kommen aus den (Pl.)

KAPITEL 9: HERKUNFTS- UND SPRACHENBEZEICHNUNGEN

Sprachenbezeichnungen

- In der Regel enden Sprachenbezeichnungen auf **-esch** oder **-sch**.
- Die Sprachenbezeichnung beginnt mit einem Großbuchstaben, das jeweilige Adjektiv mit einem Kleinbuchstaben:

  – **Ech schwätze Lëtzebuergesch. / Kachkéis ass eng lëtzebuergesch Spezialitéit.**
  Ich spreche Luxemburgisch. / Kochkäse ist eine luxemburgische Spezialität.

  – **Ech schwätze Franséisch. / Paräis ass eng franséisch Stad.**
  Ich spreche Französisch. / Paris ist eine französische Stadt.

  – **Ech schwätzen Däitsch. / D'Marlene Dietrich ass eng däitsch Schauspillerin.**
  Ich spreche Deutsch. / Marlene Dietrich ist eine deutsche Schauspielerin.

5 Welche Sprache spricht man in diesen Ländern?
Wählen Sie die passende Sprache aus der Liste aus.

Beispiel: A Frankräich schwätzen d'Leit Franséisch. *In Frankreich sprechen die Menschen Französisch.*

a. An Däitschland ....

b. A Spuenien ....

c. An Italien ....

d. An England ....

e. A Japan ....

f. A Russland ....

g. An der Belsch ....

h. A China ....

i. An Argentinien ....

j. A Brasilien ....

k. A Portugal ....

l. Zu Lëtzebuerg ....

Chineesesch
Däitsch
Englesch
Flämesch
Franséisch
Italieenesch
Japanesch
Lëtzebuergesch
Portugisesch
Russesch
Spuenesch

KAPITEL 9: HERKUNFTS- UND SPRACHENBEZEICHNUNGEN

 Handelt es sich um eine Nationalitätsbezeichnung oder eine Sprache? Kreuzen Sie an.

	Nationalität	Sprache
Lëtzebuergesch		
Belsch		
Finnesch		
Spuenierin		
Dänin		
Tierkesch		
Hollänner		
Franséisin		
Portugisesch		
Chineesin		

 Im Gitter verstecken sich (waagerecht und senkrecht) die luxemburgischen Wörter für die zehn genannten Sprachen. Finden Sie sie?

M	D	U	Y	P	V	A	M	A	Y	B	K	N	S	V	O	Y	V
C	H	I	N	E	E	S	E	S	C	H	D	U	E	J	X	L	A
T	V	H	O	G	U	W	R	G	I	L	Ä	F	P	A	H	G	M
C	I	F	E	S	T	X	O	H	T	V	I	J	F	P	Q	O	E
F	C	C	I	Y	J	W	F	E	A	T	T	X	L	A	U	I	R
R	E	N	G	L	E	S	C	H	L	Q	S	J	Q	N	X	M	I
A	Z	C	Q	S	V	N	G	D	I	J	C	Q	I	E	Z	E	K
N	L	C	M	K	L	J	Q	Q	E	D	H	N	B	S	X	W	A
S	S	L	Ë	T	Z	E	B	U	E	R	G	E	S	C	H	H	N
É	M	P	T	L	R	K	D	N	N	Y	K	R	H	H	A	Z	E
I	H	F	L	J	S	W	V	C	E	M	L	F	Z	N	C	V	S
S	F	J	U	N	G	A	R	E	S	C	H	I	U	D	T	M	C
C	N	X	A	L	I	R	T	J	C	R	A	P	D	K	H	Z	H
H	G	K	L	R	Q	L	F	S	H	G	K	C	O	F	F	I	S
T	G	P	O	R	T	U	G	I	S	E	S	C	H	S	E	O	K

Französisch
Chinesisch
Englisch
Luxemburgisch
Deutsch
Japanisch
Ungarisch
Italienisch
Portugiesisch
Amerikanisch

KAPITEL 9: HERKUNFTS- UND SPRACHENBEZEICHNUNGEN

Nationalitätsbezeichnungen

Die Bildung der Nationalitätsbezeichnungen ist relativ unregelmäßig.

- Im Allgemeinen wird für die weibliche Form nur **-in** angehängt (mit Ausnahme von **Belsch**, **Däitsch** und einigen unregelmäßigen Formen wie **Fransous/Franséisin**).

- Die Endung des männlichen Plurals für Nomen auf **-er** bleibt unverändert; für alle anderen lautet die Endung **-en**.

- Die Endung für den weiblichen Plural lautet **-innen**.

8 Ordnen Sie jedem Land die passende Nationalitätsbezeichnung zu.

1. Algerien ☐   ☐ a. Belsch
2. Belsch ☐   ☐ b. Fransous
3. China ☐   ☐ c. Schwäizer
4. England ☐   ☐ d. Pol
5. Frankräich ☐   ☐ e. Chinees
6. Japan ☐   ☐ f. Algerier
7. Lëtzebuerg ☐   ☐ g. Portugis
8. Polen ☐   ☐ h. Englänner
9. Portugal ☐   ☐ i. Japaner
10. Schwäiz ☐   ☐ j. Lëtzebuerger

9 Wie lautet die weibliche Form dieser Nationalitätsbezeichnungen?

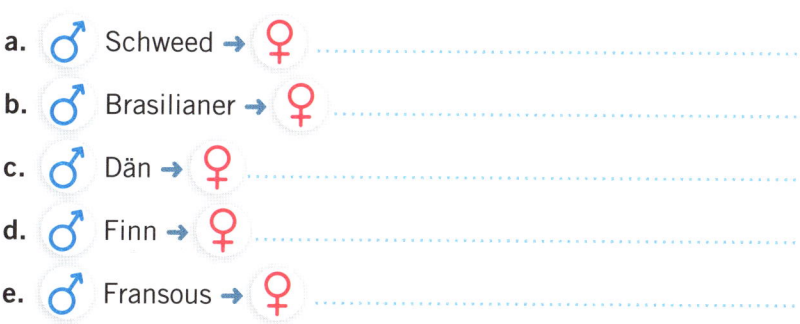

a. ♂ Schweed → ♀ ....
b. ♂ Brasilianer → ♀ ....
c. ♂ Dän → ♀ ....
d. ♂ Finn → ♀ ....
e. ♂ Fransous → ♀ ....
f. ♂ Hollänner → ♀ ....

KAPITEL 9: HERKUNFTS- UND SPRACHENBEZEICHNUNGEN

 Wie lautet die männliche Form dieser Nationalitätsbezeichnungen?

a. ♀ Belsch → ♂ ....

b. ♀ Spuenierin → ♂ ....

c. ♀ Chineesin → ♂ ....

d. ♀ Kosovarin → ♂ ....

e. ♀ Iranerin → ♂ ....

f. ♀ Amerikanerin → ♂ ....

11 Bilden Sie die Pluralform dieser Nationalitätsbezeichnungen.

a. Amerikanerin → ....

b. Lëtzebuerger → ....

c. Japanerin → ....

d. Pol → ....

e. Dänin → ....

f. Chinees → ....

g. Peruaner → ....

h. Senegalees → ....

12 Welcher Begriff in den jeweiligen Vierergruppen passt nicht zu den anderen?

a.	b.	c.	d.
Russ	Japanesch	Spuenierin	Portugal
Griich	Tschech	Brasilianerin	Polin
Chinees	Arabesch	Argentinier	Hollänner
Dänin	Italieenesch	Italieenerin	Lëtzebuerger

Immens! Damit ist das 9. Kapitel absolviert! Bewerten Sie Ihre Übungsergebnisse und tragen Sie sie hier und in der Punktetabelle auf Seite 128 ein.

Fragen, bejahende und verneinende Aussagen

Fragen

- Fragen können mit oder ohne Fragewort formuliert werden.
- Ist kein Fragewort vorhanden, steht das konjugierte Verb am Satzbeginn. Die Antwort kann *ja* oder *nein* lauten.
    - **Kënns du mat eis an de Kino?** *Kommst du mit uns ins Kino?*
    - **Léiert Dir Lëtzebuergesch?** *Lernen Sie Luxemburgisch?*
- Verfügt die Frage über ein Fragewort oder eine Fragekonstrukton, steht das konjugierte Verb dahinter.
    - **Wat maacht Dir haut?** *Was machen Sie heute?*
    - **Wéi geet et dir?** *Wie geht es dir?*
    - **Wuer gees du?** *Wohin gehst du?*
    - **Wien ass dat?** *Wer ist das?*
    - **Wéini fiert de Bus?** *Wann fährt der Bus?*
    - **Firwat kräischs du?** *Warum weinst du?*
    - **Wéi vill Joer hues du?** *Wie alt bist du?*

Wortschatz
Einige gängige Fragewörter:

Firwat? *Warum?*

Wat? *Was?*

Wéi? *Wie?*

Wéini? *Wann?*

Wéi vill? *Wie viel(e)?*

Wien? *Wer?*

Wou? *Wo?*

KAPITEL 10: FRAGEN, BEJAHENDE UND VERNEINENDE AUSSAGEN

1 Ergänzen Sie in den Antworten die passende Konjugationsform des Verbs.

a. **Wéi heescht Dir?** *Wie heißen Sie?*

   Ech .... (heeschen) Marcel Durand.

b. **Wat fir eng Nationalitéit hutt Dir?** *Welche Nationalität haben Sie?*

   Ech .... (sinn) Italieener.

c. **Vu wou kommt Dir?** *Woher kommen Sie?*

   Ech .... (kommen) aus Däitschland.

d. **Wou schaffs du?** *Wo arbeitest du?*

   Ech .... (schaffen) op der Banque de Luxembourg.

e. **Schwätzt hatt Italieenesch?** *Spricht sie Italienisch?*

   Jo, hatt .... (schwätzen) Italieneesch.

f. **Wou wunne si?** *Wo wohnen sie?*

   Si .... (wunnen) zu Esch.

g. **Léiers du Lëtzebuergesch?**

   Jo, ech .... (léieren) Lëtzebuergesch.

h. **Wat fir en Dag ass haut?** *Was für ein Tag ist heute?*

   Haut .... (sinn) Mëttwoch.

2 Ergänzen Sie das passende Fragewort.

a. .... geet et lech?

b. .... méchs du muer?

c. .... gitt Dir an d'Vakanz?

d. .... kommt Dir ërem (*zurückkommen*)?

e. .... heeschs du?

KAPITEL 10: FRAGEN, BEJAHENDE UND VERNEINENDE AUSSAGEN

f. .... **al ass d'Sandrine?**

g. .... **sees du dat** (*… sagst du das*)**?**

h. .... **Zäit daërf ee Kand um Computer verbréngen**
(*Zeit vor dem Computer verbringen*)**?**

i. .... **hues du Gebuertsdag?**

j. .... **sinn deng Hobbyen** (*Freizeitaktivitäten*)**?**

3 Ergänzen Sie das passende Fragewort.

a. .... **méchs du muer?**

Muer ginn ech akafen (*einkaufen*).

b. .... **Zäit brauchs du, fir heemzefueren** (*heimzufahren*)**?**

Ech brauch 30 Minutten.

c. .... **geet et dir?**

Et geet mir ganz gutt! (*Es geht mir sehr gut!*)

d. .... **ass et?**

Ech sinn et, de Pol! (*Ich bin's, Pol!*)

e. .... **ass d'Claudine?**

Hatt ass am Kino.

f. .... **waars du** (*warst du*) **net do?**

Well (*weil*) ech krank war.

g. .... **kënnt** (*kommt*) **den nächste Bus?**

An (*in*) zwanzeg Minutten.

h. .... **lauschters du** (*hörst du*)**?**

Ech lauschtere klassesch Musek.

KAPITEL 10: FRAGEN, BEJAHENDE UND VERNEINENDE AUSSAGEN

 Ordnen Sie den Fragen die passenden Antworten zu.

Wéi vill Kilometer huet däin Auto? **1.**	**a.** Ech ginn op Barcelona.
Wéini kënnt däin Zuch? **2.**	**b.** Well ech et interessant fannen.
Wie bass du? **3.**	**c.** 20 000 Kilometer.
Wuer gees du an d'Vakanz? **4.**	**d.** Ech si Journalist.
Wat schafft Dir? (*Was ist Ihr Beruf?*) **5.**	**e.** E kënnt a fofzéng Minutten.
Firwat lies du dat Buch? **6.**	**f.** Ech sinn den André.

Bejahende und verneinende Aussagen

- Die Antwort auf eine Frage kann **jo** *ja* oder **nee** *nein* lauten.
  - **Wunns du zu Diddeleng** (*Düdelingen*)**? Jo, ech wunnen zu Diddeleng.**
  - **Schaffs du op der Gemeng** (*Rathaus*)**? Nee, ech schaffen op der Post.**
- Mit dem Adverb **net** wird ein bejahender in einen verneinenden Satz verwandelt.
  - **Ech weess et**. *Ich weiß es.* → **Ech weess et net.** *Ich weiß es nicht.*
- Die unbestimmten Artikel *ein* und *eine* werden wie folgt verneint:
  - Maskulinum und Neutrum: **een** → **keen**, neutrales Pronomen: → **keent**
  - **Ech hunn en Haus.** *Ich habe ein Haus.* → **Ech hu keent.** *Ich habe keins.*
  - Femininum: **eng** → **keng**   • Plural: → **keng**
  - **Hues du een Auto?** → **Nee, ech hu keen Auto.** *Nein, ich habe kein Auto.*
  - **Maacht Dir Sport?** → **Nee, ech maache kee Sport.** *Nein, ich treibe keinen Sport.*
- Die Verneinung von **eppes** *etwas* oder von **alles** *alles* lautet **näischt**.
  - **Ech hunn eppes gedronk.** *Ich habe etwas getrunken.* →
    → **Ech hunn näischt gedronk.** *Ich habe nichts getrunken.*
  - **De Matteo huet alles giess.** *Matteo hat alles gegessen.* →
    → **De Matteo huet näischt giess.** *Matteo hat nichts gegessen.*
- Die Antwort *Doch!* auf eine verneinende Frage lautet **Dach**.
  - **Hues du Mëllech net gär?** *Magst du keine Milch?* →
    → **Dach, ech hu Mëllech gär.** *Doch, ich mag Milch.*

KAPITEL 10: FRAGEN, BEJAHENDE UND VERNEINENDE AUSSAGEN

5 Beantworten Sie die Fragen je nach Kontext mit <u>jo</u>, <u>nee</u> oder <u>dach</u>.

a. Bass du Fransous? _____, ech sinn net Fransous, ech si Spuenier.
b. Bass du net de Pol? _____, ech sinn de Pol.
c. Sidd Dir Gäertner? _____, ech sinn net Gäertner, ech si Buschauffer.
d. Kommt Dir aus Frankräich? _____, ech si vu Metz.
e. Gees du an d'Bibliothéik? _____, ech ginn an d'Bibliothéik.
f. Fëmms du (*Rauchst du*)? _____, ech fëmmen net.
g. Kuckt Dir net gär d'Tëlee? _____, mir kucke gär d'Tëlee.

6 Geben Sie verneinende Antworten.

a. Hues du en Hond?
   → Nee, ech hu _____

b. Hu si (*haben sie*) en Haus?
   → Nee, si hu _____

c. Huet hatt eng Schwester?
   → Nee, hatt huet _____

d. Hues du e Computer?
   → Nee, ech hu _____

e. Hutt Dir Kanner (*Kinder*)?
   → Nee, mir hu _____

f. Hues du e Päerd (*Pferd* (n.))?
   → Nee, ech hu _____

g. Hues du alles opgeraumt (*aufgeräumt*)?
   → Nee, ech hunn _____ opgeraumt.

Bravo! Schon zehn Kapitel geschafft! Bewerten Sie Ihre Übungsergebnisse und tragen Sie sie hier und in der Punktetabelle auf Seite 128 ein.

Ordnungszahlen und Datumsangaben

Ordnungszahlen (Ordinalzahlen)

Die Ordnungszahlen werden folgendermaßen gebildet:

- Von 4 bis 19 wird der Grundzahl **-ten** angefügt.
- Ab 20 lautet die Endung **-sten**.

	de(n)		
1	éischten	[äischtön]	1.
2	zweeten	[tßwetön]	2.
3	drëtten	[drötön]	3.
4	véierten	[feiᵃtön]	4.
5	fënneften	[fönöftön]	5.
20	zwanzegsten	[tßwantßechßtön]	20.
30	drëssegsten	[drößechßtön]	30.
100	honnertsten	[honᵃtßtön]	100.

- Achtung Unregelmäßigkeiten: **den éischten, den drëtten**!

- Ordnungszahlen werden wie Adjektive dekliniert (**den éischten**, **déi éischt**, **dat éischt**). Man fügt also im Maskulinum **-en** an.

1 Schreiben Sie die Ordnungszahlen aus.

a. de 7. → ....

b. de 14. → ....

c. de 37. → ....

d. de 94. → ....

e. den 125. → ....

f. den 1 000. → ....

KAPITEL 11: ORDNUNGSZAHLEN UND DATUMSANGABEN

2 Ergänzen Sie den passenden Artikel und schreiben Sie die Ordnungszahl aus.

a. **2. Strooss** (f.) (*Straße*) → ....

b. **4. Stack** (m.) (*Etage*) → ....

c. **7. Haus** (n.) (*Haus*) → ....

d. **100. Client** (m.) (*Kunde*) → ....

e. **100 000. Awunner** (m.) (*Anwohner*) → ....

Datumsangaben

- Datumsangaben werden mit den Ordnungszahlen gebildet:
  - **Haut ass den 30. (drëssegste) Januar.** *Heute ist der 30. Januar.*
- Die Namen der Monate (**Mount**, Pl. **Méint**) lauten **Januar, Februar, Mäerz, Abrëll, Mee, Juni, Juli, August, September, Oktober, November, Dezember**.
- **D'Joer** (*das Jahr*) **huet 12 Méint**.
- Bei Datumsangaben ist besonders auf die **n**-Regel zu achten.

---

3 Bilden Sie Sätze nach diesem Muster:
Januar → Januar ass den éischte Mount am Joer.

a. *Februar* → ....

b. *Mäerz* → ....

c. *Abrëll* → ....

d. *Mee* → ....

e. *Juni* → ....

KAPITEL 11: ORDNUNGSZAHLEN UND DATUMSANGABEN

4 Bilden Sie Sätze nach diesem Muster:
De 7. Mount am Joer ass _____.
→ De siwente Mount am Joer ass de Juli.

a. Den 8. Mount am Joer ass den _____

→ ....

b. Den 9. Mount am Joer ass de _____

→ ....

c. Den 10. Mount am Joer ass den _____

→ ....

d. Den 11. Mount am Joer ass den _____

→ ....

e. Den 12. Mount am Joer ass den _____

→ ....

Wortschatz

Hier sind die Namen einiger Feiertage (**Feierdeeg**):

Chrëschtdag (m.) *Weihnachten*

Grouss Vakanz (f.) *große Ferien*

Nationalfeierdag (m.) *Nationalfeiertag*

Neijoerschdag (m.) *Neujahr*

Schueberfouer (f.) *Schobermesse im August/September*

ophalen *aufhören, enden* (... **halen** ... **op**)

ufänken *beginnen, anfangen* (... **fänken** ... **un**)

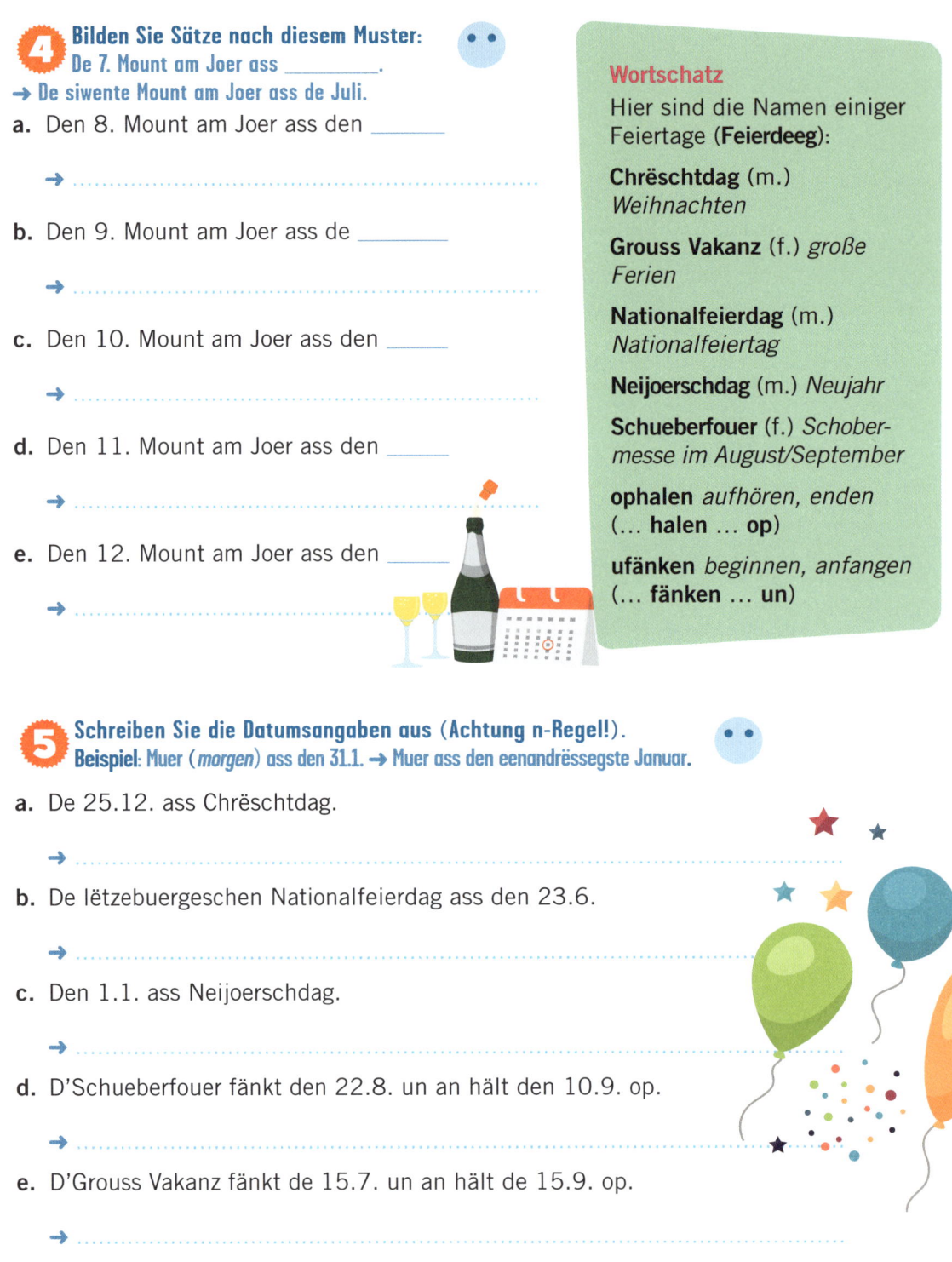

5 Schreiben Sie die Datumsangaben aus (Achtung n-Regel!).
Beispiel: Muer (*morgen*) ass den 31.1. → Muer ass den eenandrëssegste Januar.

a. De 25.12. ass Chrëschtdag.

→ ....

b. De lëtzebuergeschen Nationalfeierdag ass den 23.6.

→ ....

c. Den 1.1. ass Neijoerschdag.

→ ....

d. D'Schueberfouer fänkt den 22.8. un an hält den 10.9. op.

→ ....

e. D'Grouss Vakanz fänkt de 15.7. un an hält de 15.9. op.

→ ....

KAPITEL 11: ORDNUNGSZAHLEN UND DATUMSANGABEN

6 Finden Sie im Gitter die 12 Monatsnamen (senkrecht, waagerecht und diagonal).

U	M	Ä	E	R	Z	I	S	J	Q	V	G
J	I	W	H	H	S	A	B	R	Ë	L	L
P	U	I	I	F	E	B	R	U	A	R	O
J	B	L	S	E	P	T	E	M	B	E	R
K	A	M	I	C	I	D	J	W	T	U	B
N	O	V	E	M	B	E	R	J	O	H	L
E	P	D	N	J	G	Z	Y	A	K	U	O
M	V	B	W	A	N	E	R	U	T	F	W
F	E	P	X	N	Q	M	P	G	O	K	S
X	T	E	P	U	R	B	O	U	B	R	A
V	C	E	L	A	G	E	S	S	E	S	E
J	U	N	I	R	N	R	H	T	R	Z	P

Wochentage (d'Wochendeeg)

- Die Wochentage werden folgendermaßen ausgedrückt:
  - **Haut ass Samschdeg, den 30. Januar.** *Heute ist Samstag, der 30. Januar.*
- Dies sind die Namen der Wochentage:
  - **Méindeg, Dënschdeg, Mëttwoch, Donneschdeg, Freideg, Samschdeg, Sonndeg.**
- **Eng Woch huet siwen Deeg, den 1. Dag ass de Méindeg.** *Eine Woche hat sieben Tage, der erste Tag ist der Montag.*

7 Übersetzen Sie und achten Sie bei de(n) auf die n-Regel.
Beispiel: Heute ist Dienstag, der 13. Juni → Haut ass Dënschdeg, den 13. Juni

a. Sonntag, der 4. August → ....

b. Freitag, der 1. Oktober → ....

c. Mittwoch, der 15. Mai → ....

d. Donnerstag, der 10. Dezember → ....

e. Montag, der 25. September → ....

KAPITEL 11: ORDNUNGSZAHLEN UND DATUMSANGABEN

8 Ordnen Sie die Buchstaben so, dass sich die Namen der Wochentage ergeben. Übersetzen Sie sie dann.

a. *éindegm*
→ ....

b. *amsdegsch*
→ ....

c. *wochttëm*
→ ....

d. *degnons*
→ ....

e. *donndegsche*
→ ....

f. *DEGREIF*
→ ....

g. *dëgnsched*
→ ....

Jahre (d'Joren) und Jahrhunderte (d'Joerhonnerten)

- Die Angabe der Jahreszahlen unterscheidet sich nicht vom Deutschen:
  - *1963* → **nonzénghonnertdräiasiechzeg**
  - *2003* → **zweedausenddräi**
- Die Jahrhunderte werden mit Ordnungszahlen ausgedrückt:
  - **d'zwanzegst Joerhonnert** *das 20. Jahrhundert*
  - **am nonzéngte Joerhonnert** *im 19. Jahrhundert*
- Lebensdaten werden folgendermaßen angegeben:
  - **Hien ass ... gebuer** *Er ist ... geboren*
  - **Hien ass ... gestuerwen** *Er ist ... gestorben*
  - **Hien huet vun ... bis ... gelieft** *Er hat von ... bis ... gelebt*

KAPITEL 11: ORDNUNGSZAHLEN UND DATUMSANGABEN

9 Schreiben Sie die Jahreszahlen und die Jahrhunderte aus. Beispiel: Hien ass am 20. Joerhonnert, 1961, gebuer. *Er ist im 20. Jahrhundert, 1961, geboren.*
→ Hien ass am zwanzegste Joerhonnert, am Joer nonzénghonnerteenasiechzeg, gebuer.

a. Den Albert Einstein ass 1955 gestuerwen.
→ ....

b. Den Nelson Mandela ass 1918 gebuer.
→ ....

c. De Pierre Curie ass am 19. Joerhonnert gebuer.
→ ....

d. Den David Bowie ass 2016 gestuerwen.
→ ....

> **Titel**
>
> Auch für Titel benutzt man die Ordnungszahlen (mit großem Anfangsbuchstaben):
> **Poopst Jean-Paul den Zweeten** *Papst Johannes Paul II.*, wörtlich *der Zweite*)

10 Übersetzen Sie und schreiben Sie die Zahlen aus.

a. Königin Elizabeth II.   → Kinnigin Elizabeth ....

b. König George V.   → Kinnek ....

c. Großherzog Wilhelm IV.   → Groussherzog ....

d. Papst Franziskus I.   → ....

Prima! Sie haben das 11. Kapitel durchgearbeitet! Bewerten Sie Ihre Übungsergebnisse und tragen Sie sie hier und in der Punktetabelle auf Seite 128 ein.

12 Zeitangaben

Im Luxemburgischen können Zeitangaben an unterschiedlichen Stellen im Satz stehen. Steht die Zeitangabe (z. B. **haut** - **muer** - **gëschter**) am Satzanfang, tritt die Inversion ein, d. h. es liegt nicht der normale Satzbau (Subjekt - Verb) vor, sondern Subjekt und Verb werden vertauscht.

– **Ech ginn haut an de Kino.** *Ich gehe heute ins Kino.*

– **Haut ginn ech an de Kino.** *Heute gehe ich ins Kino.*

❶ Kleine Wiederholung: Schreiben Sie die Wochentage und die Namen der Monate.

M ....

D ....

M ....

D ....

F ....

S ....

S ....

J ....

F ....

M ....

A ....

M ....

J ....

J ....

A ....

S ....

O ....

N ....

D ....

KAPITEL 12: ZEITANGABEN

Wortschatz

haut *heute*
gëschter *gestern*
virgëschter *vorgestern*
muer *morgen*
iwwermuer *übermorgen*
op *geöffnet*
zou *geschlossen*

2 Formulieren Sie die Sätze so um, dass die Zeitangabe am Satzanfang steht.

a. Ech ginn haut an de Kino. → ....

b. Mir schaffen e Sonndeg net. → ....

c. D'Kanner hunn am Juli Vakanz. → ....

d. Den Dokter huet am August Congé. → ....

e. De Supermarché ass e Sonndeg zou. → ....

3 Formulieren Sie die Sätze so um, dass das Subjekt am Satzanfang steht.

a. Muer ass de Coiffer op.

→ ....

b. E Samschdeg fueren d'Kanner an d'Vakanzekolonie.

→ ....

c. Gëschter ware mir op d'Schueberfouer.

→ ....

d. Am Dezember kënnt de Kleeschen (*Nikolaus*).

→ ....

e. Um 8 Auer fiert den Zuch op Miersch.

→ ....

KAPITEL 12: ZEITANGABEN

Tageszeiten und Wochentage

- Die Tageszeiten lauten:
  - **de Moien** *Morgen, Vormittag*
  - **de Mëtteg** *Mittag*
  - **den Nomëtteg** *Nachmittag*
  - **den Owend** *Abend*
  - **d'Nuecht** *Nacht*

- Diese Tageszeiten können, ebenso wie die Wochentage, auch in Form von Adverbien ausgedrückt werden:
  - Tageszeiten (s. a. Kapitel 4): **moies** *morgens*, **mëttes** *mittags*, **nomëttes** *nachmittags*, **owes** *abends*, **nuets** *nachts*.
  - Wochentage (s. a. Kapitel 11): **méindes, dënschdes, mëttwochs, donneschdes, freides, samschdes, sonndes**.

- Man kann die Zeitangaben auch mit den Tageszeiten und den Wochentagen kombinieren.
  - **muer de Moien** *morgen früh*
  - **e Mëttwoch den Owend** *Mittwochabend*

KAPITEL 12: ZEITANGABEN

4 Ordnen Sie dem Ausdruck links die korrekte Übersetzung rechts zu.

1. an der Nuecht
2. de Mëtteg
3. e Samschdeg
4. freides
5. méindes
6. mëttes
7. moies
8. nuets
9. samschdes

a. samstags
b. morgens
c. montags
d. nachts
e. am Mittag, in der Mittagszeit
f. in der Nacht
g. am Samstag
h. mittags
i. freitags

5 Übersetzen Sie die Zeitangaben.

a. heute Abend
→ ....

b. morgen früh
→ ....

c. Mittwochmittag
→ ....

d. heute Nachmittag
→ ....

e. Samstagabend
→ ....

f. freitagabends
→ ....

g. nachts
→ ....

KAPITEL 12: ZEITANGABEN

Wortschatz

Hier eine kleine Auswahl an Alltagsaktivitäten:

an de Kino goen *ins Kino gehen*

Lëtzebuergesch léieren *Luxemburgisch lernen*

schaffen *arbeiten*

spadséiere goen *spazieren gehen*

Sport maachen *Sport treiben*

Kaffi drénken *frühstücken*

6 Ergänzen Sie je nach Übersetzung das Nomen bzw. das Adverb.

a. **Mir maachen** .... **Sport.**

   Wir treiben nachmittags Sport.

b. **Mir schaffe just** ....

   Wir arbeiten nur vormittags.

c. .... **gi mir mat de Kanner spadséieren.**

   Am Sonntagnachmittag werden wir mit den Kindern spazieren gehen.

d. **D'Jeanne drénkt** .... **um 8 Auer Kaffi.**

   Jeanne frühstückt um acht Uhr morgens.

e. **Mir ginn** ....

   an .... **an de Cours,**

   fir Lëtzebuergesch ze léieren.

   Wir gehen dienstags und donnerstags in den Unterricht, um Luxemburgisch zu lernen.

f. **De Mike geet** .... **an de Kino.**

   Mike geht am Freitagabend ins Kino.

KAPITEL 12: ZEITANGABEN

Adverbien der Häufigkeit

Adverbien der Häufigkeit geben an, wie oft eine Handlung ausgeführt wird.

– **Hie geet ëmmer an d'Schwämm.** *Er geht immer ins Schwimmbad.*

– **Hie geet ni an d'Schwämm.** *Er geht nie ins Schwimmbad.*

– **Hie geet net ëmmer an d'Schwämm.** *Er geht nicht immer ins Schwimmbad.*

– **Hie geet heiansdo an d'Schwämm.** *Er geht manchmal ins Schwimmbad.*

Wortschatz

dacks *oft*
ëmmer *immer*
heiansdo *manchmal*
ni *niemals*
seelen *selten*
de ganzen Dag *den ganzen Tag*
all Dag *jeden Tag*

7 Übersetzen Sie die Sätze.

a. **Ich trinke immer Kaffee.**
→ ....

b. **Ich gehe oft ins Kino.**
→ ....

c. **Ich gehe selten spazieren.**
→ ....

d. **Ich esse niemals Schokolade** (*Schockela*).
→ ....

e. **Ich spreche manchmal luxemburgisch.**
→ ....

KAPITEL 12: ZEITANGABEN

8 Übersetzen Sie die zehn Zeitangaben bzw. Adverbien und markieren Sie sie im Gitter.

S	W	R	F	K	D	R	O	W	Z	Y	S
H	Q	V	Q	O	V	A	L	N	G	S	I
T	C	G	Y	Z	F	M	C	C	I	P	W
X	V	H	Ë	W	S	P	S	K	O	V	W
C	F	E	J	S	Z	E	E	I	S	R	E
M	Y	I	N	D	C	N	E	I	S	R	E
H	B	A	I	W	Z	H	H	L	B	M	M
A	K	N	M	U	E	R	T	R	E	J	U
U	F	S	N	Y	X	C	T	E	A	N	E
T	I	D	D	Ë	M	M	E	R	R	A	R
N	M	O	S	Z	L	F	D	Y	N	R	R
V	I	R	G	Ë	S	C	H	T	E	R	P

heute
➜ ....

morgen
➜ ....

übermorgen
➜ ....

gestern
➜ ....

vorgestern
➜ ....

niemals
➜ ....

selten
➜ ....

manchmal
➜ ....

oft
➜ ....

immer
➜ ....

Konjugiertes Verb + gär

Möchten Sie ausdrücken, dass Sie eine bestimmte Tätigkeit gerne ausführen bzw. mögen, benutzen Sie **gär** *gerne* nach dem entsprechenden Verb:

- **Ech liese gär.** *Ich lese gerne.*
- **Hie kacht gär.** *Er kocht gerne.*
- **Si leeft gär.** *Sie joggt gerne.*
- **Mir iesse gär chineesesch.** *Wir essen gerne Chinesisch.*
- **Mir drenke gär Roude Wäin.** *Wir trinken gerne Rotwein.*

KAPITEL 12: ZEITANGABEN

Wortschatz

Hier eine Liste mit gängigen Hobbys:

d'Tëlee kucken *fernsehen*

danzen *tanzen*

kachen *kochen*

molen *malen*

Musek lauschteren *Musik hören*

Vëlo fueren *Fahrrad fahren*

spillen *spielen*

Fussball spillen *Fußball spielen*

Gittar spillen *Gitarre spielen*

Kaart spillen *Karten spielen*

Piano spillen *Klavier spielen*

Schach spillen *Schach spielen*

Tennis spillen *Tennis spielen*

9 Ergänzen Sie das passende Verb.

a. D'Julie .... gär Piano, hatt .... all Dag.

b. De Pierre fotograféiert gär, hie .... ëmmer vill Fotoen.

c. Mir .... gär an de Kino,
   mee heiansdo .... mir och d'Tëlee.

d. De Mike ass e grousse Sportler, hie .... vill Vëlo an de Weekend
   .... hie Fussball.

e. De Serge .... gär Schach, heiansdo .... hien
   och Musek dobäi.

KAPITEL 12: ZEITANGABEN

10 Ordnen Sie die Elemente so, dass sinnvolle Sätze entstehen. Das erste Wort ist immer eines mit großem Anfangsbuchstaben.

den Owend / gi / mir / Haut / an de Kino

→ ....

an d'Anni / gär / danze / De Jacques

→ ....

kachen / Muer / ech / den Owend

→ ....

iesse / gär / Gromperekichelcher* / Mir

→ ....

*Reibekuchen

Heiansdo / spillt / mam Pierre / Schach / de Paul

→ ....

Wonnerbar! Sie haben bereits 12 Kapitel geschafft! Bewerten Sie Ihre Übungsergebnisse und tragen Sie sie hier und in der Punktetabelle auf Seite 128 ein

13
Besitz und Zugehörigkeit

Besitz und Zugehörigkeit werden mittels Possessivartikeln ausgedrückt. Um diese im Satz verwenden zu können, muss man das Genus und den Numerus des Besitzers und des Besitztums kennen. Die Deklinationsformen sind für den Nominativ und den Akkusativ identisch:

Besitzer	Maskulinum	Femininum	Neutrum	Plural
ech	mäin	meng	mäin	meng
du	däin	deng	däin	deng
hien	säin	seng	säin	seng
si	hiren	hir	hiert	hir
hatt	säin	seng	säin	seng
mir	eisen	eis	eist	eis
dir	ären	är	äert	är
Dir	Ären	Är	Äert	Är
si	hiren	hir	hiert	hir

Beachten Sie:

- Die Formen des Femininums und des Plurals sind identisch.
- Beim Neutrum wird bei einigen Formen ein **-t** angehängt.
  Beispiele:
  - **Den Här Dupont sicht seng Auer.** *Herr Dupont sucht seine Uhr.*
  - **Gëff mir däin Heft!** *Gib mir dein Heft!*
  - **D'Mamm rifft hir Kanner fir z'iessen.** *Die Mutter ruft ihre Kinder zum Essen.*
  - **Op der Foto gesitt Dir d'Madamm Schmit, hire Mann an hir Kanner.** *Auf dem Foto sehen Sie Frau Schmit, ihren Mann und ihre Kinder.*
  - **D'Pauline a säi Brudder gläiche sech vill.**
    Pauline und ihr Bruder gleichen sich sehr.
  - **D'Studente schreiwen hir Examen am Auditoire.**
    Die Studenten schreiben ihr Examen im Hörsaal.
  - **Dat ass net mäin Hond, dat ass säin Hond.**
    Das ist nicht mein Hund, das ist sein Hund.

KAPITEL 13: BESITZ UND ZUGEHÖRIGKEIT

1 Ergänzen Sie das passende Possessivadjektiv.

a. Ech hunn en Auto (m.), ... Auto ass nei.

b. Du hues en Haus (n.), ... Haus ass grouss.

c. De Pierre huet en Hond (m.), ... Hond ass léif.

d. D'Madamm Schmit huet e Mann (m.), ... Mann ass ëmmer granzeg (*griesgrämig*).

e. D'Pascale huet 3 Kanner (Pl.), ... Kanner maache vill Sport.

f. Mir ginn an d'Vakanz (f.), ... Vakanz gëtt (*wird*) immens flott.

g. Dir heescht Claude, mee ass Claude .... Virnumm (m.) oder .... Famylljennumm (m.)?

h. D'Leit kafen .... Fleesch (n.) am Supermarché.

Wortschatz

Famill (f.) *Familie*
Papp (m.) *Vater*
Mamm (f.) *Mutter*
Elteren (Pl.) *Eltern*
Jong (m.) *Sohn, Junge*
Meedchen (n.) *Mädchen*
Fils (m.) *Sohn*
Duechter (f.) *Tochter*
Kand (n.) *Kind*
Brudder (m.) *Bruder*
Schwëster (f.) *Schwester*
Monni (m.) *Onkel*
Tatta (f.) *Tante*
Bopa (m.) *Großvater, Opa*
Boma (f.) *Großmutter, Oma*
Grousselteren (Pl.) *Großeltern*

KAPITEL 13: BESITZ UND ZUGEHÖRIGKEIT

2 Wie lautet das korrekte Possessivadjektiv?

1. Wéi heescht d'Madamm?
- ☐ a. Hiren Numm ...
- ☐ b. Säin Numm ...
- ☐ c. Seng Numm ...

... ass Weber.

2. Wou wunnt d'Tanja?
- ☐ a. Säin Adress ...
- ☐ b. Hiren Adress ...
- ☐ c. Seng Adress ...

... ass 2, rue de l'Eau.

3. Hunn den Här an d'Madamm Schmit Kanner?
- ☐ a. Jo, hir Kanner ...
- ☐ b. Jo, seng Kanner ...
- ☐ c. Jo, hire Kanner ...

... heeschen Anna a Leo.

4. Ass de Jacques bestuet (verheiratet)?
- ☐ a. Jo, säi Fra ...
- ☐ b. Jo, seng Fra ...
- ☐ c. Jo, hir Fra ...

... schafft bei mir.

3 Übersetzen Sie die Sätze.

a. Unser Sohn wohnt in München (**München**).

→ ....

b. Seine Schwester heißt Marie.

→ ....

c. Arbeitet Ihr Vater bei Ambicor?

→ ....

d. Ich kenne (**kennen**) deine Eltern gut.

→ ....

e. Ihr (3. Pers. Sing.) Onkel und ihre Tante kommen aus Esch.

→ ....

KAPITEL 13: BESITZ UND ZUGEHÖRIGKEIT

4 Übersetzen Sie die Sätze.

a. Mäi Brudder spillt Piano.

→ ....

b. Eis Grousseltere wunne bei eis (*bei uns*).

→ ....

c. Wéi al sinn deng Kanner?

→ ....

d. Schafft Är Mamm?

→ ....

e. De Paul huet zwee Kanner, säi Meedchen heescht Claire a säi Jong heescht Michel.

→ ....

5 Tragen Sie die Wörter in das Kreuzworträtsel ein.

Senkrecht:

1. Plural von **Kand**
3. Weibliches Pendant zu **Brudder**
5. **all zesummen**
6. Männliches Pendant zu **Tatta**

Waagerecht:

2. Männliches Pendant zu **Mamm**
4. **anert Wuert fir** (*anderes Wort für*) **Meedchen**
7. **Boma a Bopa**
8. **anert Wuert fir Fils**

KAPITEL 13: BESITZ UND ZUGEHÖRIGKEIT

Die Possessivkonstruktion

Possessivkonstruktionen bestehen aus zwei Elementen:

- Das erste Element ist der Besitzer (Lebewesen, immer im Dativ).
- Das zweite Element, das Besitztum, kann je nach Kontext ein Gegenstand oder ein Lebewesen sein. Diesem Element geht ein Possessivartikel voraus.

  – **Dat ass dem Pierre säin Neveu / seng Niess.** (wörtlich *Das ist dem Pierre sein Neffe / seine Nichte = Das ist Pierres Neffe/Nichte.*)

  – **Der Fra hire Präbbeli / hiert Haus ass schéin.** (wörtlich *Der Frau ihr Regenschirm / ihr Haus ist schön = Der Regenschirm / das Haus der Frau ist schön.*)

  – **Ech hu menge Kanner hir Bicher schonn all kaaft.** (wörtlich *Ich habe meinen Kindern ihre Bücher schon alle gekauft = Ich habe meinen Kindern schon alle ihre Bücher gekauft.*)

6 Bilden Sie Sätze nach dem folgenden Muster:
Marc/Papp schafft zu Esch → Dem Marc säi Papp schafft zu Esch.

a. Claudine/Mamm ass Coiffeuse.

   → ....

b. Madamm Feltes/Mann huet Congé.

   → ....

c. Tom/Brudder wunnt an Australien.

   → ....

d. Famill Kalmes/Hond billt (*bellt*) ëmmer.

   → ....

e. Här Jacobs/Fra kacht net gär.

   → ....

f. Kanner/Grousseltere sinn nach jonk (*jung*).

   → ....

KAPITEL 13: BESITZ UND ZUGEHÖRIGKEIT

7 Geben Sie die Verwandtschaftsverhältnisse auf der Basis des Stammbaums an.

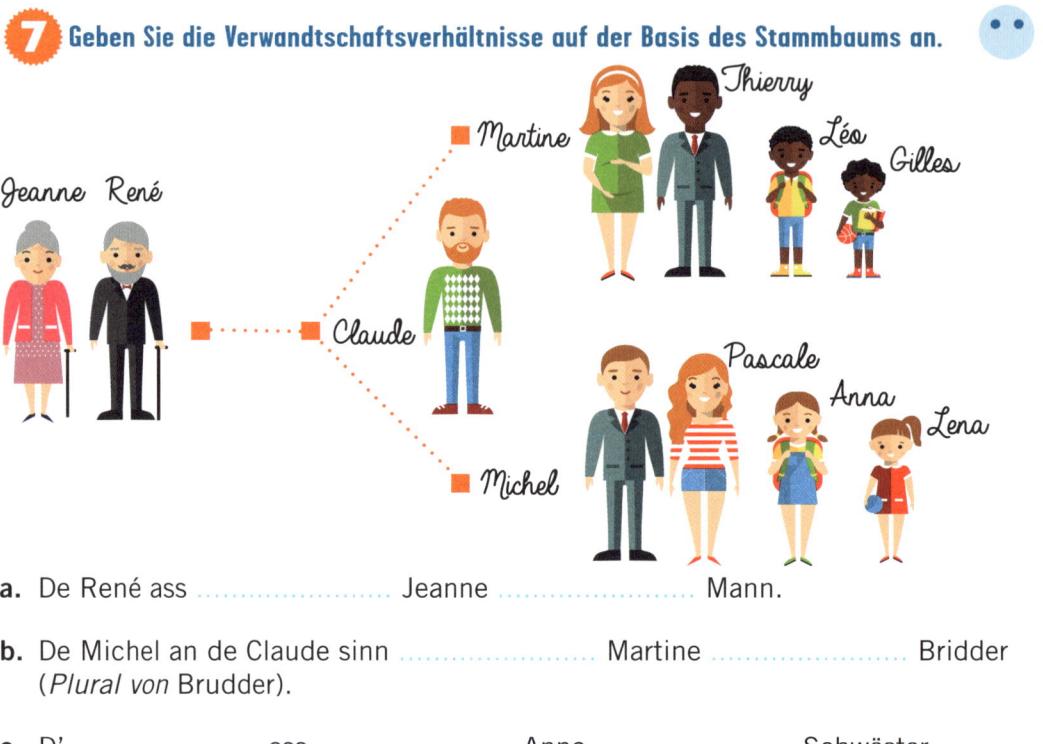

a. De René ass .... Jeanne .... Mann.

b. De Michel an de Claude sinn .... Martine .... Bridder (*Plural von* Brudder).

c. D'.................. ass .... Anna .... Schwëster.

d. D'Jeanne ass .... Léo ....

e. D' Pascale ass .... Gilles ....

f. De Léo ass .... Lena .... Cousin.

g. D'Martine ass .... René an .... Jeanne .... Duechter.

Wortschatz

E puer Kierperdeeler:
(*Einige Körperteile:*)

Kapp (m.) *Kopf*

Gesiicht (n.) *Gesicht*

Nues (f.) *Nase*

A (n.), **Aen** *Auge(n)*

Mond (m.) *Mund*

Ouer (n.), **Oueren** *Ohr(en)*

Hoer (n.), **Hoer** *Haar(e)*

Aarm (m.), **Äerm** *Arm(e)*

Hand (f.), **Hänn** *Hand, Hände*

Been (n.), **Been** *Bein(e)*

Fouss (m.), **Féiss** *Fuß, Füße*

KAPITEL 13: BESITZ UND ZUGEHÖRIGKEIT

8 Geben Sie die Namen der Körperteile an.

9 Ergänzen Sie die Sätze.

Dem Mann …
säi Kapp ass déck.

a. .... ass ronn.
b. .... si kleng.
c. .... ass laang.
d. .... ass grouss.
e. .... si grouss.
f. .... si kuerz.
g. .... si kuerz.
h. .... si grouss.
i. .... si grouss.

Der Fra …
hire Kapp ass kleng.

j. .... ass oval.
k. .... si grouss.
l. .... ass kuerz.
m. .... ass kleng.
n. .... si kleng.
o. .... si laang.
p. .... si laang.
q. .... si kleng.
r. .... si kleng.

87

KAPITEL 13: BESITZ UND ZUGEHÖRIGKEIT

Das Possessivpronomen

- Das Possessivpronomen (*meiner, deiner, seiner, ihrer* usw.) bezieht sich auf ein bereits erwähntes Nomen, dem ein Possessivartikel vorangeht. Es wird wie der Possessivartikel dekliniert.

  – **Ass dat däin Auto? Jo, dat ass mäin.**
  Ist das dein Auto? Ja, das ist meins.

- Im Nominativ und im Akkusativ Neutrum Singular fügt man, wenn der Besitzer **ech**, **du**, **hien** oder **hatt** lautet, ein **-t** an das Possessivpronomen an.

  – **Ass dat däin Haus? Jo, dat ass mäint.**
  Ist das dein Haus? Ja, das ist meins.

– **Ass dat säi Buch? Nee, dat ass mäint.**
Ist das sein Buch? Nein, das ist meins.

- Das Possessivpronomen kann Teil einer Frage des folgenden Typs sein: **Wiem säin/seng ... ass dat/sinn dat?**

  – **Wiem säin Handy dass dat?** wörtl. *Wem sein Handy ist das? = Wem gehört dieses Handy?*

  – **Wiem seng Schold ass dat?** wörtl. *Wem seine Schuld ist das? = Wessen Schuld ist das?*

  – **Wiem seng Hënn sinn dat?** wörtl. *Wem seine Hunde sind das? = Wem gehören diese Hunde? / Wessen Hunde sind das?*

10 Stellen Sie die passende Frage, um den Besitzer zu ermitteln. Antworten Sie dann unter Verwendung des Possessivpronomens. Beispiel: Meng Schwëster wunnt an Amerika.→ **Wiem seng Schwëster wunnt an Amerika? – Meng.**

a. Dem Claire säi Meedche studéiert Droit. → ....

b. Dem Maxime seng Ae si blo. → ....

c. Eis Eltere sinn nach jonk. → ....

d. Mäi Kand geet an d'Schoul. → ....

e. Dem Isabelle säi Gesiicht ass schéin. → ....

Fläisseg! Sie haben das 13. Kapitel geschafft! Bewerten Sie Ihre Übungsergebnisse und tragen Sie sie hier und in der Punktetabelle auf Seite 128 ein

14
Befehlsform (Imperativ)

- Man benutzt den Imperativ, um einen Befehl oder eine Aufforderung zu formulieren. Das Verb, das in der 2. Person Singular bzw. Plural steht, steht am Satzanfang. Der Imperativ wird im Singular auf der Grundlage des Infinitivstamms gebildet; im Plural wird an die Imperativform des Singulars ein **-t** angehängt.

  – **Lies däi Buch!** *Lies dein Buch!*

  – **Ënnerschreift hei!** *Unterschreiben Sie hier!*

  – **Maach d'Fënster zou!** *Mach das Fenster zu!*

  – **Rufft mir haut den Owend un!** *Ruft mich heute Abend an!*

- Einige sehr gängige Verben haben eine unregelmäßige Imperativform.

  – **sinn** *sein* → **sief** *sei*, **sidd** *seid/seien Sie*

  – **hunn** *haben* → **hief** *hab*, **hutt** *habt/haben Sie*

  – **goen** *gehen* → **géi** *geh*, **gitt** *geht/gehen Sie*

  – **ginn** *geben* → **gëff** *gib*, **gitt** *gebt/geben Sie*

  – **stoen** *stehen* → **stéi** *steh*, **stitt** *steht/stehen Sie*

- **Stoen** wird häufig mit trennbaren Partikeln wie z. B. **op** benutzt:

  – **Stéi op!** *Steh auf!* – **Stitt op!** *Steht/stehen Sie auf!*

1 Formulieren Sie die Aufforderungen in der Duzform.

a. Kommt an de Büro! → ....

b. Léiert Är Vokabelen! → ....

c. Schreift den Exercice! → ....

d. Huelt den Auto aus dem Garage! → ....

e. Bréngt mir e Kaffi! → ....

KAPITEL 14: BEFEHLSFORM (IMPERATIV)

2 Formulieren Sie die Aufforderungen in der Siezform.

a. Géi net sou séier (*nicht so schnell*)! → ....

b. Gëff mir eng Hand! → ....

c. Sief roueg (*still*)! → ....

d. Hief e Moment Gedold (*Geduld*)! → ....

e. Stéi net sou laang am Reen! → ....

Trennbare Verben

Einige Verben treten mit einer Partikel auf, die vom Verb getrennt und an das Satzende gestellt wird. Die **n**-Regel bestimmt, dass das **-n** der Partikel vor einem Konsonanten entfällt (**u** = un / **a** = an), es erscheint jedoch wieder, wenn die Partikel vom Verb getrennt wird. Dies lässt sich besonders gut beim Imperativ erkennen.

– **ufänken** *anfangen* → **ech fänken un** *ich fange an*, **Fänk un!** *Fang an!*, **Fänkt un!** *Fangt an!*

– **ophalen** *aufhören* → **mir halen op** *wir hören auf*, **Hal op!** *Hör auf!*, **Haalt op!** *Hört auf!*

Wortschatz
Einige trennbare Verben:

undoen *anziehen*
ufänken *anfangen, beginnen*
ophalen *aufhören*
erausgoen *hinausgehen*
matgoen *mitgehen, begleiten*
erakommen *hineinkommen*
matmaachen *mitmachen, teilnehmen*
opmaachen *aufmachen, öffnen*
zoumaachen *zumachen, schließen*
opstoen *aufstehen*

KAPITEL 14: BEFEHLSFORM (IMPERATIV)

3 Tragen Sie die Imperativformen der Verben in das Kreuzworträtsel ein.

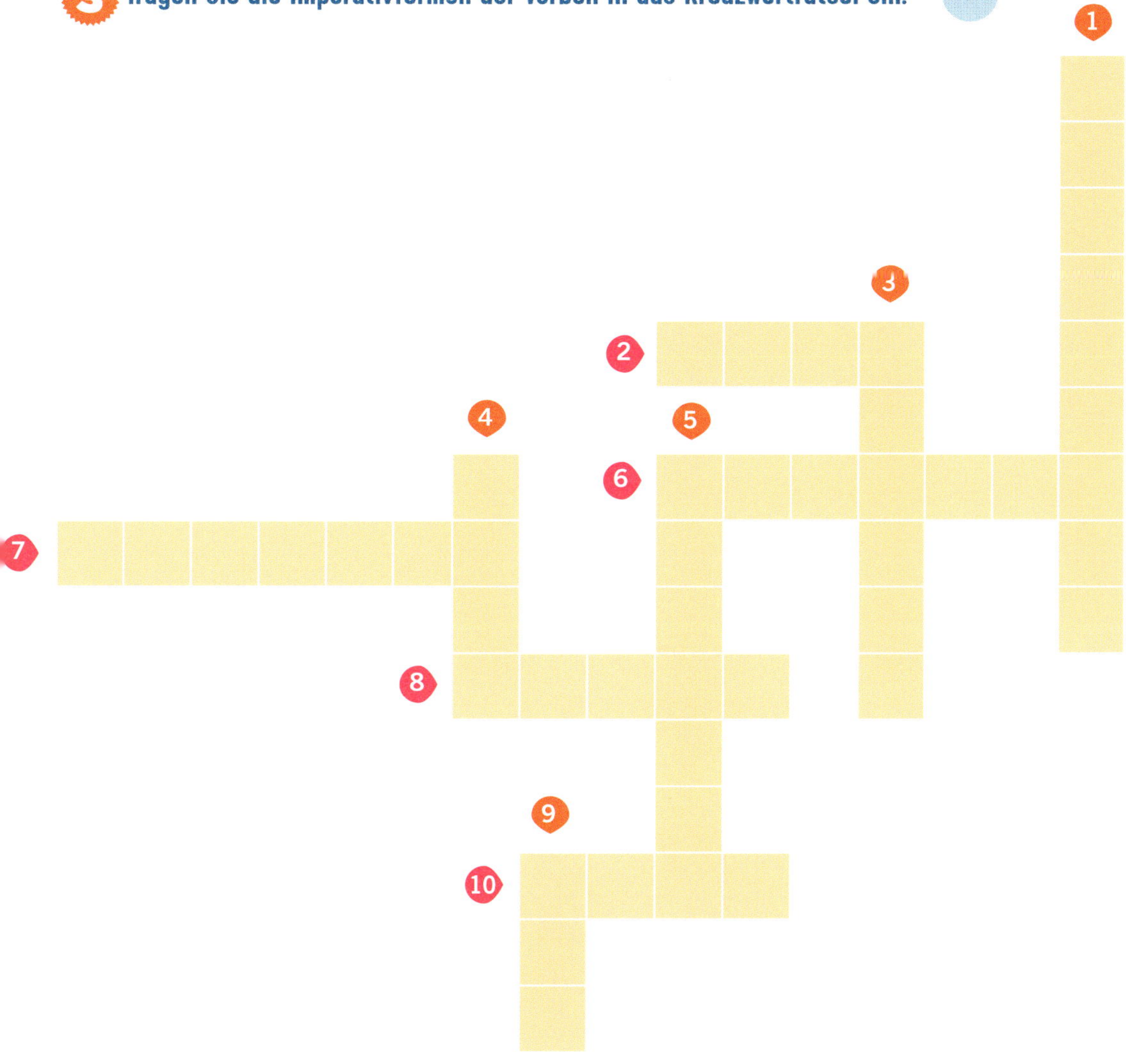

Senkrecht:

1. **lauschteren** im Singular
3. **maachen** im Plural
4. **sinn** im Singular
5. **schreiwen** im Singular
9. **goen** im Singular

Waagerecht:

2. **kommen** im Singular
6. **schaffen** im Plural
7. **verstoen** im Singular
8. **fueren** im Plural
10. **ginn** im Singular

KAPITEL 14: BEFEHLSFORM (IMPERATIV)

4 Übersetzen Sie die Imperativsätze.

a. **Fänkt mat schaffen un!**

→ ....

b. **Stitt um 6 Auer op!**

→ ....

c. **Maach beim Concours mat!**

→ ....

d. **Maach d'Dier zou!**

→ ....

e. **Maacht d'Fënster op!**

→ ....

f. **Do e Pullover un!**

→ ....

Wegbeschreibungen

Der Imperativ kann auch verwendet werden, um auf Fragen wie **Entschëllegt, wéi kommen ech bei d'Schoul / d'Gemeng / de Supermarché?** *Entschuldigen Sie, wie komme ich zur Schule / zum Rathaus / zum Supermarkt?* zu antworten. Je nach Gesprächssituation kann man auch hier den Imperativ Singular oder Plural benutzen.

– **Géi/gitt riichtaus!** *Geh/Gehen Sie geradeaus!*

– **Huel/huelt déi zweet Strooss lénks!** *Nimm/Nehmen Sie die zweite Straße links!*

– **Béi/béit riets of!** *Bieg/Biegen Sie rechts ab!*

KAPITEL 14: BEFEHLSFORM (IMPERATIV)

Wortschatz

goen *gehen*
huelen *nehmen*
ofbéien *abbiegen*
(no) lénks (*nach*) *links*
(no) riets (*nach*) *rechts*
riichtaus *geradeaus*
(bis) bei (*bis*) *zu*
1./2./3. Strooss
1./2./3. Straße
1./2./3. Dier
1./2./3. Tür
um 1./2./3. Stack
in der 1./2./3. Etage
Kräizung *Kreuzung*
Rout Luucht *Ampel*

5 Ergänzen Sie die Begriffe aus dem Wortschatzkasten oben.

a. E............, w...... kommen ech vun hei b...... d'Gemeng?
G...... r............ bis bei d'K............, dann déi 1. S............
no l............

b. E............, w...... kommen ech vun hei bei d'Schoul?
G......... no r............ bis bei d'...... L............, dann ëmmer r............ an
dann déi 4. S......... no l............

c. E............, wou ass dem Här Calmes säi Büro?
H......... hei de Lift bis op de 5. St............, g......... no l......... an dem Här
Calmes säi Büro ass déi 3. D......... r..........

6 Welcher der drei Begriffe passt nicht zu den anderen?

a. Rout Luucht
b. Kräizung
c. Dier

a. Rond-point
b. Stack
c. Lift

a. riichtaus
b. lénks
c. éischt

a. Huelt
b. Entschëllegt
c. Gitt

KAPITEL 14: BEFEHLSFORM (IMPERATIV)

Personalpronomen im Akkusativ und Dativ

Das Personalpronomen ändert sich abhängig von seiner Funktion als Akkusativ- oder Dativobjekt, der Verbkonstruktion und der Präposition, mit der es benutzt wird.

Personalpronomen	Akkusativobjekt	Dativobjekt
ech	mech	mir
du	dech	dir
hien	hien	him
si	si	hir
hatt	hatt	him
mir	eis	eis
dir	iech	iech
Dir	lech	lech
si	si	hinnen

– **Si gesi mech samschdes um Maart.** *Sie sehen mich samstags auf dem Markt.*

– **Ech soen him, wat ech denken.** *Ich sage ihm, was ich denke.*

– **Ech ruffen dir muer un.** *Ich rufe dich morgen an.*

Wortschatz
Einige Verben mit der Angabe, ob die Bezugsperson im Dativ oder im Akkusativ steht:

erklären + Dat. *jmdm. erklären*

erzielen + Dat. *jmdm. erzählen*

ginn + Dat. *jmdm. geben*

hëllefen + Dat. *jmdm. helfen*

léinen + Dat. *jmdm. leihen*

nolauschteren + Dat. *jmdm. zuhören*

soen + Dat. *jmdm. sagen*

froen + Akk. *jmdn. fragen*

uruffen + Akk. *jmdn. anrufen*

KAPITEL 14: BEFEHLSFORM (IMPERATIV)

7 Ergänzen Sie das passende Personalpronomen.
Beispiel: So ___ (ech) d'Wourecht (*die Wahrheit*)! → So mir d'Wourecht!

a. Erziel .... (si, Pl.) eng Geschicht!

b. Erklaërt .... (mir) den Exercice!

c. Léin .... (ech) däin Auto!

d. Hëllef .... (hien) beim Schaffen!

e. Lauschtert .... (si, Sg.) gutt no!

f. Fro .... (ech) net!

g. Gëff .... (hatt) deng Adress!

h. Sot .... (mir) sou séier wéi méiglech Bescheed! (*Sagen Sie uns so schnell wie möglich Bescheid!*)

8 Formulieren Sie die Fragen in der Duzform.

a. Moien, wéi geet et dir? → ....

b. Gutt, an dir? Kann ech dech eppes froen? → ....

c. Jo, natierlech, wat wëlls du wëssen? → ....

d. Fiers du muer de Moie mam Auto an d'Stad? → ....

e. Jo, kann ech dir hëllefen? → ....

f. Jo, kanns du mech mathuelen? → ....

g. Kloer, um wéi vill Auer soll ech dech siche kommen? → ....

Pronomen im Dativ

Einige gängige Verben werden mit einem Pronomen im Dativ gebildet.

– **Et deet mir leed**. *Es tut mir leid.*

– **Et ass mir kal/waarm.** *Es ist mir kalt/warm.*

– **Et ass mir egal**. *Es ist mir egal.*

– **Wéi geet et dir? – Et geet mir gutt.** *Wie geht es dir? – Es geht mir gut.*

KAPITEL 14: BEFEHLSFORM (IMPERATIV)

9 Ordnen Sie den luxemburgischen Sätzen die passende Übersetzung zu.
Beispiel: Et ass mir kal → *Es ist mir kalt.*

1. Et deet him leed. ☐
2. Et ass hinne waarm. ☐
3. Et ass eis schlecht. ☐
4. Et ass dir egal. ☐
5. Et deet iech wéi. ☐
6. Et geet hir gutt. ☐

a. Es tut euch weh.
b. Es ist dir egal.
c. Es tut ihm leid.
d. Es ist ihnen warm.
e. Uns ist schlecht.
f. Es geht ihr gut.

10 Ordnen Sie den Aussagen den passenden Ratschlag zu.

1. Et ass mir schlecht. ....
2. Et ass mir kal. ....
3. Et ass mir waarm. ....
4. Mäi Kapp deet mir wéi. ....
5. Mir ass alles egal. ....
6. Et deet mir leed. ....

a. Do e Pullover un!
b. Entschëlleg dech!
c. Huel eng Pëll géint de Kappwéi!
d. Iess net sou vill Schockela!
e. Interesséier dech fir eppes!
f. Maach d'Fënster op!

Ausgezeechent! 14 Kapitel sind absolviert! Bewerten Sie Ihre Übungsergebnisse und tragen Sie sie hier und in der Punktetabelle auf Seite 128 ein.

15
Vergleiche (Komparativ)

- Um den Komparativ der Gleichheit zu bilden, verwendet man die folgende Konstruktion:
  sou (*so*) + Adjektiv oder Adverb + **wéi** (*wie*):
  – **Hien ass sou grouss wéi seng Schwëster.** *Er ist so groß wie seine Schwester.*
  – **Mir si sou motivéiert wéi si.** *Wir sind so motiviert wie sie.*
  – **Si leeft sou séier wéi ech.** *Sie rennt so schnell wie ich.*
- Der Komparativ der Überlegenheit wird folgendermaßen gebildet:
  méi (*mehr*) + Adjektiv oder Adverb + **wéi** (*als*):
  – **De Pierre ass méi al wéi de Guy.** *Pierre ist älter als Guy.*
  – **Si kacht méi dacks wéi den Noper.** *Sie kocht öfter als der Nachbar.*

❶ Ordnen Sie jedem Adjektiv das passende Gegenstück zu.

1. DÉCK 2. GROUSS 3. LAANG 4. LUES 5. SCHÉIN 6. SCHWÉIER 7. AL

a. ELLEN b. LIICHT c. SCHLANK d. KUERZ e. KLENG f. SÉIER g. JONK

Wortschatz

al *alt*
jonk *jung*
nei *neu*
déck *dick*
dënn *dünn*

schlank *schlank*
grouss *groß*
kleng *klein*
laang *lang*
kuerz *kurz*
liicht *leicht, einfach*

schwéier *schwer, schwierig*
lues *leise, langsam*
séier *schnell*
schéin *schön*
ellen *hässlich, schlimm*

KAPITEL 15: VERGLEICHE (KOMPARATIV)

② Formulieren Sie Vergleiche.
Beispiel: Jean 1,82m / Jeanne 1,65 / grouss → De Jean ass méi grouss wéi d'Jeanne.

a. d'Karin 20 Joer / d'Claire 22 Joer / al
   → ....

b. den TGV / de Regionalzuch / séier
   → ....

c. d'Prinzessin / d'Monster / schéin
   → ....

d. dem Rapunzel seng Hoer / meng Hoer / laang
   → ....

e. Chineesesch / Lëtzebuergesch / schwéier
   → ....

f. Paräis / Lëtzebuerg / grouss
   → ....

Unregelmäßige Komparativformen

- **gutt** *gut*   → **besser** *besser*
- **vill** *viel*   → **méi** *mehr*
- **wéineg** *wenig*   → **manner** *weniger*
- **gär** *gerne*   → **léiwer** *lieber*

Vorlieben ausdrücken

Um auszudrücken, dass man etwas Bestimmtes vorzieht, benutzt man das Adverb **léiwer**.
Ech hu léiwer roude Wäi mam Fleesch. *Ich trinke (habe) lieber Rotwein zum Fleisch.*
Hien drénkt léiwer Téi wéi Kaffi. *Er trinkt lieber Tee als Kaffee.*

KAPITEL 15: VERGLEICHE (KOMPARATIV)

3 Übersetzen Sie die Sätze.

a. Du sprichst besser Französisch als ich.
  → ....

b. Bill Gates hat mehr Geld (**Suen**) als ich.
  → ....

c. Hier arbeiten weniger Frauen als Männer.
  → ....

d. Pierre spielt besser Tennis als Paul.
  → ....

e. Marie hat mehr Kinder als Maurice.
  → ....

f. Im Juli arbeite ich weniger als im Januar.
  → ....

Wortschatz

Einige Lebensmittel und Getränke:

Béier (m.) *Bier*
Brout (n.) *Brot*
Fësch (m.) *Fisch*
Fleesch (n.) *Fleisch*
Geméis (n.) *Gemüse*
Gromper (f.) *Kartoffel*
Jus (m.) *Saft*
Kaffi (m.) *Kaffee*
Nuddelen (Pl.) *Nudeln*
Räis (m.) *Reis*
Spruddelwaasser (n.) *Sprudel*
Téi (m.) *Tee*
Uebst (n.) *Obst*
platt Waasser (n.) *stilles Wasser*
roude Wäin (m.) *Rotwein*
wäisse Wäin (m.) *Weißwein*

KAPITEL 15: VERGLEICHE (KOMPARATIV)

Teilungspronomen

Das Luxemburgische kennt ein Teilungspronomen (*den, das, die, davon, welche*).

– **Hutt Dir Kanner?** *Haben Sie Kinder?*
– **Jo, mir hunn der dräi.** *Ja, wir haben (davon) drei.*
– **Braucht Dir nach Pabeier?** *Brauchen Sie noch Papier?*
– **Nee Merci, ech hunn es nach.** *Nein danke, ich habe (davon) noch welches.*

4 Ergänzen Sie in den Sätzen, was Sie bevorzugen.
Beispiel: **Ech iesse gär Fleesch, mee ech iesse léiwer Fësch.**
Ich esse gerne Fleisch, aber lieber esse ich Fisch.

a. Ech drénke gär roude Wäin, mee ech drénke léiwer → ....

b. Ech iesse gär Uebst, mee ech iesse léiwer → ....

c. Ech drénke gär Jus, mee ech drénke léiwer → ....

d. Ech drénke gär Spruddelwaasser, mee → ....

e. Ech drénke gär Téi, mee → ....

5 Formulieren Sie aus den angegebenen Elementen Sätze.
Beispiel: wunnen – an der Stad – um Land (*auf dem Land*)
→ **Ech wunne léiwer an der Stad wéi um Land**

a. **schaffen – op der Bank – op der Gemeng**
→ ....

b. **iessen – am Restaurant – doheem** (*zu Hause*)
→ ....

c. **schlofen – doheem – am Hotel**
→ ....

d. **kucken – e Film am Kino – e Film op der Tëlee**
→ ....

e. **joggen – am Bësch** (*im Wald*) **– op der Strooss**
→ ....

KAPITEL 15: VERGLEICHE (KOMPARATIV)

Ausdrücken von „am liebsten"

- Der Superlativ von **gär** *gerne* lautet **am léifsten** *am liebsten*.
  - **Hie liest am léifste Romaner.** *Er liest am liebsten Romane.*
  - **Si geet am léifsten eleng spadséieren.** *Sie geht am liebsten alleine spazieren.*

6 Geben Sie an, was Sie am meisten bevorzugen (unterstrichen).
iessen: Glace, Kuch, Schockela → Ech iessen am léifste Schockela.

a. **liesen: Zeitungen/Romaner/BDen** (*Comics*)

   → ....

b. **lauschteren: Jazzmusek/Rockmusek/klassesch Musek**

   → ....

c. **kucken: Krimien/Documentairen/Serien**

   → ....

d. **drénken: Kaffi/Téi/Schocki**

   → ....

e. **spillen: Kaarten/Schach/Monopoly**

   → ....

7 Ergänzen Sie **gär**, **léiwer** oder **am léifsten**.

a. Kucks du .... d'Tëlee?

b. Jo, mee ech gi .... an de Kino.

c. Wat drénks du ....? Schampes, Béier oder Wäin?

d. Wunns du .... zu Esch oder zu Ettelbréck?

e. Gi mir an de Kino, an den Theater oder an d'Disco? .... bleiwen ech doheem.

f. Fuert Dir .... mam Auto oder mam Zuch an d'Vakanz?

KAPITEL 15: VERGLEICHE (KOMPARATIV)

Wortschatz

Kleeder (Pl.), **Gezei** (n.) *Kleidung*

Blus (f.) *Bluse*

Box (f.) *Hose*

Hiem (n.) *Hemd*

Jackett (f.) *Jacke*

Jupe (f.) *Rock*

Mantel (m.) *Mantel*

Strëmp (f.) *Strumpf, Socke*

Rack (m.) *Kleid*

Schong (Pl.) *Schuhe*

Vorlieben

Wenn Sie eine Person fragen möchten, was sie unter mehreren Dingen bevorzugt, verwenden Sie **Wat gefält dir/Iech besser?** *Was gefällt dir/Ihnen besser?*

8 Stellen Sie auf der Basis der angegebenen Elemente die Frage, welche Farbe besser gefällt. Antworten Sie dann unter Verwendung der unterstrichenen Farbe.

Wat gefält Iech besser, …?

a. gréng/<u>blo</u>/Rack → ....

b. gro/<u>schwaarz</u>/Box → ....

c. <u>rout</u>/giel/Hiem → ....

d. <u>gro</u>/wäiss/Jackett → ....

e. hellblo/<u>donkelblo</u>/Blus → ....

f. schwaarz/<u>brong</u>/Schong → ....

KAPITEL 15: VERGLEICHE (KOMPARATIV)

9 Übersetzen Sie die Sätze.

a. Ich mag gerne Schwarz. → ....

b. **Ich habe lieber Rot.** → ....

c. **Magst du lieber Rot** oder Schwarz? → ....

d. **Ich mag Blau am liebsten.** → ....

Wie sagt man „Lieblings-"?

Ebenso wie das Deutsche verwendet das Luxemburgische das Wort **Liiblings-**, wenn von der Sache oder der Person die Rede ist, die man ganz besonders mag: **Mäi Liiblingsfilm ass *Titanic*.** *Mein Lieblingsfilm ist „Titanic".*

10 Kombinieren Sie die passenden Elemente und bilden Sie Sätze nach Art des Beispiels.

Buch   Hond
Déier   rout   → Mäi Liiblingsbuch ass Harry Potter.
Faarf   Grompereen   → ....
Iessen   Lëtzebuerg   → ....
Stad   Harry Potter   → ....
→ ....

Fantastesch! Sie haben das 15. Kapitel geschafft! Bewerten Sie Ihre Übungsergebnisse, und tragen Sie sie hier und in der Punktetabelle auf Seite 128 ein.

16
Verben ginn und kréien

- Die Verben **ginn** (*werden*; *geben*) und **kréien** (*erhalten*, *bekommen*) werden im Präsens Indikativ wie folgt konjugiert:

ginn	kréien
ech ginn	ech kréien
du gëss	du kriss
hien/si/hatt gëtt	hien/si/hatt kritt
mir ginn	mir kréien
Dir/dir gitt	Dir/dir kritt
si ginn	si kréien

- Diese Verben haben eine eigene Bedeutung, drücken aber auch das Futur von **sinn** (**ginn**) bzw. **hunn** (**kréien**) aus.

  – **Ech ginn d'nächst Woch groussjäreg.** *Ich werde nächste Woche volljährig.*

  – **E Sonndeg kritt de Matteo 5 Joer.** *Am Sonntag wird (bekommt) Matteo fünf Jahre alt.*

1 Setzen Sie die Sätze ins Futur, indem Sie die Formen von **hunn** durch die von **kréien** ersetzen.

a. Ech hunn Honger. → ....

b. Du hues Duuscht. → ....

c. Hien huet en Auto. → ....

d. Mir hunn de Bauch wéi. → ....

e. Dir hutt e Bëbee. → ....

f. Si hunn eng Glatz (*Glatze*). → ....

KAPITEL 16: VERBEN GINN UND KRÉIEN

2 Setzen Sie die Sätze ins Futur, indem Sie die Formen von <u>sinn</u> durch die von <u>ginn</u> ersetzen.

a. *Ech si gesond.* → ....

b. *Du bass hongereg.* → ....

c. *Hien ass duuschtereg.* → ....

d. *Mir sinn nervös.* → ....

e. *Dir sidd Client.* → ....

f. *Si si Lëtzebuerger.* → ....

3 Ergänzen Sie die passende Form der Verben <u>ginn</u> oder <u>kréien</u>.

ginn   *kréien*

a. Mäi Papp ass Dokter an ech wëll och Dokter ⬚ .

b. Wéini ⬚ Dir Ären neien Auto?

c. Wie ⬚ en Oscar fir de beschte Film?

d. De Paul ⬚ am Mee Papp, seng Fra ⬚ e Kand.

e. Dat neit Buch vum Stephen King ⬚ eng gutt Kritik.

f. D'Léa ⬚ am August 18 Joer.

KAPTIEL 16: VERBEN GINN UND KRÉIEN

4 Ordnen Sie die Sätze der passenden Übersetzung zu.

1. Ich werde rot. ☐   ☐ **a.** Ech gi krank.
2. Die Suppe wird kalt. ☐   ☐ **b.** Ech gi midd.
3. Ich werde krank. ☐   ☐ **c.** D'Zopp gëtt kal.
4. Ich werde dünn. ☐   ☐ **d.** Ech gi rout.
5. Das Bier wird warm. ☐   ☐ **e.** Ech ginn déck.
6. Ich werde dick. ☐   ☐ **f.** Ech ginn dënn.
7. Ich werde müde. ☐   ☐ **g.** De Béier gëtt waarm.

5 Nennen Sie die aus jedem Satz folgende Konsequenz.

a. En Onbekannten (*ein Unbekannter*) schwätzt mat mir.

→ ....

b. Ech iessen ze vill Chips.

→ ....

c. Ech muss laang waarden (*warten*).

→ ....

d. Ech maachen e Regime.

→ ....

e. Ech schaffe vill.

→ ....

KAPITEL 16: VERBEN GINN UND KRÉIEN

6 Geben Sie an, ob das Verb <u>ginn</u> die Bedeutung «geben» oder «werden» hat.

a. Mir wëllen der Coiffeuse en Drénkgeld (*Trinkgeld*) ginn. ☐

b. D'Sandra wëllt Serveuse ginn. ☐

c. Gitt mir w.e.g. den Dokter un den Apparat! ☐

d. Wat fir e Kaddo wëllt Dir dem Client ginn? ☐

e. Wëllt Dir Client bei eis ginn? ☐

① geben
② werden

Berufsbezeichnungen

- Für die weibliche Form einer Berufsbezeichnung fügt man meist am Wortende der männlichen Form **-in** an.
  - **e Riichter** (*ein Richter*) → **eng Riichterin** (*eine Richterin*)
  - **en Affekot** (*ein Anwalt*) → **eng Affekotin** (*eine Anwältin*)
- Es gibt selbstverständlich auch Ausnahmen.
  - **e Schoulmeeschter** (*ein Lehrer*) → **eng Léierin** (*eine Lehrerin*)
- Vorsicht bei bestimmten unregelmäßigen Endungen.
  - **er** → **esch**: **en Dokter** (*ein Arzt*) → **eng Doktesch** (*eine Ärztin*)
  - **er (eur)** → **euse**: **e Coiffe(u)r** (*ein Friseur*) → **eng Coiffeuse** (*eine Friseurin*)
  - **ien** → **ienne**: **e Mecanicien** (*ein Mechaniker*) → **eng Mecanicienne** (*eine Mechanikerin*)

KAPTIEL 16: VERBEN GINN UND KRÉIEN

7 Formulieren Sie die Sätze um, indem Sie die männlichen Formen der Namen und Berufsbezeichnungen anwenden.

a. D'Madamm Kayser ass Doktesch am Centre Hospitalier.

   → ....

b. Mäi Meedche wëllt Architektin ginn. → ....

c. Hunn Är Kanner eng Léierin? → ....

d. D'Frida Kahlo ass eng bekannt Molerin. → ....

e. D'Journalistin interviewt d'Politikerin. → ....

f. Meng Coiffeuse heescht Léini. → ....

8 Markieren Sie die zehn weiblichen Berufsbezeichnungen, deren männliche Formen unter dem Gitter angegeben sind.

L	B	S	I	S	N	Y	F	Z	X	G	V	V	C	V	H	A	I
V	Ä	C	T	B	G	L	É	I	E	R	I	N	E	G	C	P	N
W	C	M	W	X	F	C	I	X	K	B	I	L	J	H	M	K	F
H	K	O	F	C	Q	A	P	D	E	R	W	U	I	L	I	N	O
C	E	Z	Y	Y	L	V	Q	W	Z	E	W	H	T	X	N	C	R
E	S	C	H	A	U	S	P	I	L	L	E	R	I	N	I	Z	M
D	C	O	K	Y	C	P	T	C	G	A	R	U	C	F	S	S	A
U	H	K	Q	Q	G	A	R	A	G	I	S	T	I	N	T	Y	T
C	Q	P	L	L	K	H	V	M	E	R	E	X	T	Q	E	B	I
A	I	R	F	F	H	H	Q	R	C	H	T	I	R	M	S	P	K
T	G	A	I	I	P	T	L	O	V	E	Z	V	X	N	C	R	E
R	I	F	E	E	M	P	L	O	Y	É	E	Z	P	Y	H	K	R
I	E	R	F	F	J	U	R	A	Z	P	R	I	K	L	U	M	I
C	J	A	T	T	R	A	Q	A	J	F	I	M	U	Z	E	U	N
E	P	O	L	I	Z	I	S	T	I	N	N	P	Q	S	I	N	N

Educateur - Bäcker - Schauspiller - Informatiker
Employé - Iwwersetzer (Übersetzer) - Polizist - Minister
Garagist - Schoulmeeschter

KAPITEL 16: VERBEN GINN UND KRÉIEN

Zusammensetzungen mit kréien

Das Verb **kréien** (*bekommen, erhalten*) kann mit verschiedenen Präpositionen (**op/zou/un/aus/an**.../**aus**...) kombiniert werden, wodurch sich seine Bedeutung ändert. Es drückt dann aus, dass eine Handlung möglich ist oder nicht möglich ist.

– **Ech kréien d'Dier net op**.
  → *Ich bekomme/kriege die Tür nicht auf.*

– **Hie kritt säin Handy net un**.
  → *Er bekommt/kriegt sein Handy nicht an.*

9 Übersetzen Sie die Sätze.

a. Ech kréien d'Fënster net zou.

→ ....

b. Mir kréien d'Dier net op.

→ ....

c. Ech kréien d'Wallis net an den Auto.

→ ....

d. Mir kréien de Fleck net aus dem Tapis.

→ ....

e. Hie kritt d'Tëlee net un.

→ ....

f. Si kritt den Alarm net aus.

→ ....

KAPTIEL 16: VERBEN GINN UND KRÉIEN

ginn und goen: Hilfsverben im Konditional

- Die Verben **ginn** und **goen**, konjugiert im Konditional, können auch als Hilfsverben in diesem Modus benutzt werden:

ginn	goen
ech géif	ech géing
du géifs	du géings
hien/si/hatt géif	hien/si/hatt géing
mir géifen	mir géingen
Dir/dir géift	Dir/dir géingt
si géifen	si géingen

- Sie werden in Wendungen wie z. B. **ech géif** / **ech géing** + **gär** + Verb benutzt.
  - **Ech géif/géing gär an de Kino goen**. *Ich würde gerne ins Kino gehen.*
  - **Mir géife/géinge gär an d'Vakanz fueren**. *Wir würden gerne in die Ferien fahren.*
- Die Wendung **ech hätt** + **gär** + Substantiv bedeutet *ich hätte gerne* + Nomen.
  - **Ech hätt gär en Hond fir Chrëschtdag**. *Ich hätte zu Weihnachten gerne einen Hund.*
  - **Ech hätt gär eng Taass Kaffi**. *Ich hätte gerne eine Tasse Kaffee.*

10 Ergänzen Sie die passende Form von hunn im Konditional (achten Sie auf die n-Regel!).

a. De Jacques .... gär e Rendez-vous um 5 Auer.

b. An der Vakanz .... mir gär schéint Wieder (*schönes Wetter*).

c. Wat .... du gär fir däi Gebuertsdag?

d. D'Leit .... gär méi Zäit a manner Stress.

e. .... Dir gär eng Tut (*eine Tüte*)?

hunn im Konditional

ech hätt
du häss
hien/si/hatt hätt
mir hätten
Dir/dir hätt
si hätten

KAPITEL 16: VERBEN GINN UND KRÉIEN

11 Wenden Sie die für das jeweilige Subjekt passende Konditionalform nach dem unten gezeigten Muster (... *géif*, ... *géife*, ... *hätt*, ... *hätte* ...) an.

Ech hätt gär   **Ech géif gär**   **Ech géing gär**

a. Ech wëll e Kaffi drénken.

   → ....

b. Hatt wëllt e Film kucke goen.

   → ....

c. Mir wëllen eng Glace.

   → ....

d. Si wëllen eng Aarbecht fannen.

   → ....

e. Hie wëllt eng Paus maachen.

   → ....

f. Dir wëllt en neien Auto.

   → ....

Passiv: ginn und kréien

Die Verben **ginn** und **kréien** können auch als Hilfsverben im Passiv dienen.

– **De Bréifdréier gëtt vum Hond gebass**. *Der Briefträger wird vom Hund gebissen.*

– **Hie kritt en Zant gerappt**. *Er bekommt einen Zahn gezogen.*

Formidabel! Nun ist auch das 16. Kapitel absolviert! Bewerten Sie Ihre Übungsergebnisse, und tragen Sie sie hier und in der Punktetabelle auf Seite 128 ein.

Einfache und zusammengesetzte Vergangenheit

- Die Verben **sinn** und **hunn** dienen als Hilfsverben bei der Bildung der zusammengesetzten Vergangenheit (Perfekt). Dies ist die gängigste Zeitform, um Ereignisse in der Vergangenheit auszudrücken, neben der einfachen Vergangenheit (Präteritum), die nur für einige Verben, z. B. **hunn** und **sinn** oder die meisten Modalverben, benutzt wird (**mussen** *müssen* hat keine Präteritumsform; im Perfekt sagt man entweder **Ech hu missen** oder **Ech hu mussen**).

Mir waren d'lescht Joer a Kroatien an d'Vakanz.
Letztes Jahr waren wir in den Ferien in Kroatien.

sinn	hunn
ech war (*ich war*)	ech hat (*ich hatte*)
du waars	du has
hien/si/hatt war	hien/si/hatt hat
mir waren	mir haten
Dir/dir waart	Dir/dir hat
si waren	si haten

❶ Formulieren Sie die Sätze in die Vergangenheit, indem Sie das Verb <u>hunn</u> ins Präteritum setzen.

a. Ech hunn eng Gripp.

→ ....

b. Du hues keng Zäit.

→ ....

c. Hien huet am Juli Congé.

→ ....

d. Mir hu keng Suen.

→ ....

e. Dir hutt e Problem.

→ ....

f. Si hu vill Honger.

→ ....

KAPITEL 17: EINFACHE UND ZUSAMMENGESETZTE VERGANGENHEIT

2 Formulieren Sie die Sätze in die Vergangenheit, indem Sie das Verb <u>sinn</u> ins Präteritum setzen.

a. Ech sinn immens midd.
→ ....

b. Du bass hongereg.
→ ....

c. Hien ass an der Schoul.
→ ....

d. Mir si Frënn.
→ ....

e. Dir sidd bestuet (*verheiratet*).
→ ....

f. Si sinn ënnerwee (*unterwegs*).
→ ....

3 Formulieren Sie die Sätze in der Gegenwart (Präsens).

a. Mir haten net vill Zäit.
→ ....

b. Waars du Member an engem Club?
→ ....

c. De Claude hat immens Chance.
→ ....

d. Dir hat e gudde Proff.
→ ....

e. Waart Dir zefridden mam Service?
→ ....

KAPITEL 17: EINFACHE UND ZUSAMMENGESETZTE VERGANGENHEIT

Zeitbestimmungen

- In der zusammengesetzten Vergangenheit treffen wir häufig auf Zeitbestimmungen:
  - **gëschter** *gestern*, **virgëschter** *vorgestern*
  - **d'lescht Woch** *letzte Woche*, **de leschte Mount** *letzten Monat*, **d'lescht Joer** *letztes Jahr*
  - **virun … Deeg, Wochen, Méint, Joer** *vor … Tagen, Wochen, Monaten, Jahren*
- Stehen diese Zeitbestimmungen am Satzanfang, erfolgt eine Inversion des Subjekts:
  - **Virun 10 Deeg sinn ech bei den Dokter gaangen**.
    Vor zehn Tagen bin ich zum Arzt gegangen.
  - **Si huet d'lescht Joer hir Pensioun geholl**.
    Sie ist letztes Jahr in Rente gegangen.
  - **Ech war gëschter beim Zänndokter**.
    Ich war gestern beim Zahnarzt.

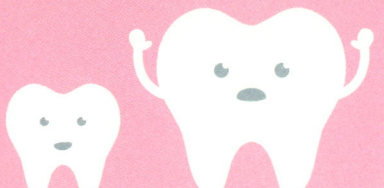

4 Ordnen Sie den Zeitbestimmungen die passende Übersetzung zu.

1. virun zwou Wochen
2. de leschte Mount
3. virun dräi Deeg
4. virgëschter
5. d'lescht Joer
6. gëschter

a. gestern
b. letztes Jahr
c. vorgestern
d. vor zwei Wochen
e. vor drei Tagen
f. letzten Monat

KAPITEL 17: EINFACHE UND ZUSAMMENGESETZTE VERGANGENHEIT

Zusammengesetzte Vergangenheit

Die zusammengesetzte Vergangenheit setzt sich aus Hilfsverb + Partizip Perfekt zusammen, das am Satzende steht. Das Partizip besteht in der Regel aus **ge** + Stamm + **-t**.

- **Ech hunn zu Dikrech gewunnt.** *Ich habe in Diekirch gewohnt.*
- **Hien huet fir d'Nationalequipe gespillt.** *Er hat für die Nationalmannschaft gespielt.*
- **Wéi huet hie geheescht?** *Wie hieß er (hat er geheißen)?*
- **Hutt Dir laang fir Lux Air geschafft?** *Haben Sie lange für Lux Air gearbeitet?*
- **Gëschter hu mir e Fussballmatch gekuckt.** *Gestern haben wir ein Fußballspiel angesehen.*

5 Ergänzen Sie die passende Partizip-Perfekt-Form der Verben spillen, schaffen, kucken, wunnen bzw. heeschen.

a. Mir hu gëschter Owend d'Tëlee ....

b. Hutt Dir an der Vakanz um Camping .... ?

c. De Jacques an ech hunn d'lescht Woch Tennis ....

d. Wéi huet dee gudde Restaurant zu Klierf .... ?

e. Ech hunn haut de ganzen Dag um Büro ....

KAPITEL 17: EINFACHE UND ZUSAMMENGESETZTE VERGANGENHEIT

Besonderheiten bei den Partizipien

- Das Partizip Perfekt der Verben auf -**éieren** endet stets auf -**éiert**; es geht niemals das Präfix **ge**- voran.
  - **Si hunn d'Gesetz respektéiert.** *Sie haben das Gesetz respektiert.*
- Andere Verben haben eine unregelmäßige Partizip-Perfekt-Form, die Sie sich merken müssen, darunter:
  - **mussen** → **ech hu missen** *ich habe gemusst*
  - **verstoen** → **ech hu verstanen** *ich habe verstanden*
  - **denken** → **ech hu geduecht** *ich habe gedacht*
  - **huelen** → **ech hu geholl** *ich habe geholt*

6 Wie lauten die Infinitivformen der verwendeten Partizipien?

a. Mir hunn alles probéiert.
→ ....

b. Hien huet si an de Restaurant invitéiert.
→ ....

c. De Polizist huet eis kontrolléiert.
→ ....

d. D'Studenten hunn hir Fichë klasséiert.
→ ....

e. De Kiné huet de Sportler masséiert.
→ ....

7 Geben Sie die Infinitivformen zu den Partizipien an.

a. **gemaach**
→ ....

b. **gedronk**
→ ....

c. **giess**
→ ....

d. **gefuer**
→ ....

e. **gehollef**
→ ....

KAPITEL 17: EINFACHE UND ZUSAMMENGESETZTE VERGANGENHEIT

8 Ergänzen Sie in den Sätzen die passende Partizip-Perfekt-Form.

- **gelaf** (*lafen*)
- **geflunn** (*fléien*)
- **fonnt** (*fannen*)
- **gesinn** (*gesinn*)
- **geholl** (*huelen*)
- **gaangen** (*goen*)
- **ginn** (*ginn*)
- **geschwat** (*schwätzen*)

a. De Georges ass e Marathon ....

b. Mir hunn um 8 Auer de Bus ....

c. Wou hues du mäi Portemonni .... ?

d. Si si gëschter Owend an de Kino ....

e. Mat wiem hues du op der Party .... ?

f. Hues du him de Kaddo .... ?

g. Vu wat ass hatt sou déck .... ?

h. Hues du den neien James Bond scho .... ?

9 Markieren Sie die korrekte Partizip-Perfekt-Form dieser unregelmäßigen Verben.

a.	**kommen**	☐ komm	☐ gekommt
b.	**kafen**	☐ gekaaft	☐ kaaft
c.	**liesen**	☐ geliest	☐ gelies
d.	**wëssen**	☐ gewosst	☐ gewësst
e.	**kréien**	☐ gekréit	☐ kritt
f.	**sangen**	☐ gesongen	☐ gesangt
g.	**fléien**	☐ gefléit	☐ geflunn

KAPITEL 17: EINFACHE UND ZUSAMMENGESETZTE VERGANGENHEIT

Die Wahl des Hilfsverbs

- Für Verben der Bewegung oder der Zustandsänderung wie z. B. **erwächen** (*aufwachen*), **opstoen** (*aufstehen*) und **aschlofen** (*einschlafen*) sowie für die Verben **bleiwen** (*bleiben*) und **sinn** (*sein*) lautet das Hilfsverb **sinn**: **ech si bliwwen** (*ich bin geblieben*), **ech si gewiescht** (*ich bin gewesen*).

- Reflexive Verben werden mit **hunn** (*haben*) konjugiert.

  – **Ech hu mir geduecht...** *Ich habe mir gedacht ...*

  – **Ech hu mech am Spigel gekuckt.**
  Ich habe mich im Spiegel angesehen.

10 Ergänzen Sie <u>hunn</u> oder <u>sinn</u>.

a. Gëschter .... ech um 7 Auer erwächt. *Gestern bin ich um 7 Uhr aufgewacht.*

b. Ech .... direkt opgestan. *Ich bin sofort aufgestanden.*

c. Ech .... mech gewäsch. *Ich habe mich gewaschen.*

d. Ech .... um 8 Auer de Bus geholl. *Ich habe um 8 Uhr den Bus genommen.*

e. Ech .... vun hallwer 9 bis 12 geschafft. *Ich habe von 9 Uhr bis 12 Uhr gearbeitet.*

f. Um 12 .... ech zu Mëtteg iesse gaangen. *Um 12 Uhr bin ich mittagessen gegangen.*

g. Nomëttes .... ech mat Frënn e Kaffi gedronk. *Nachmittags habe ich mit Freunden einen Kaffee getrunken.*

h. Ech .... nach bis 7 Auer an der Stad bliwwen. *Ich bin bis 7 Uhr in der Stadt geblieben.*

i. Owes .... ech mam Taxi heemgefuer. *Abends bin ich mit dem Taxi nach Hause gefahren.*

j. Ech .... um 11 Auer ageschlof. *Ich bin um 11 Uhr eingeschlafen.*

KAPITEL 17: EINFACHE UND ZUSAMMENGESETZTE VERGANGENHEIT

Tragen Sie die Partizip-Perfekt-Formen der unten stehenden Verben in das Gitter ein.

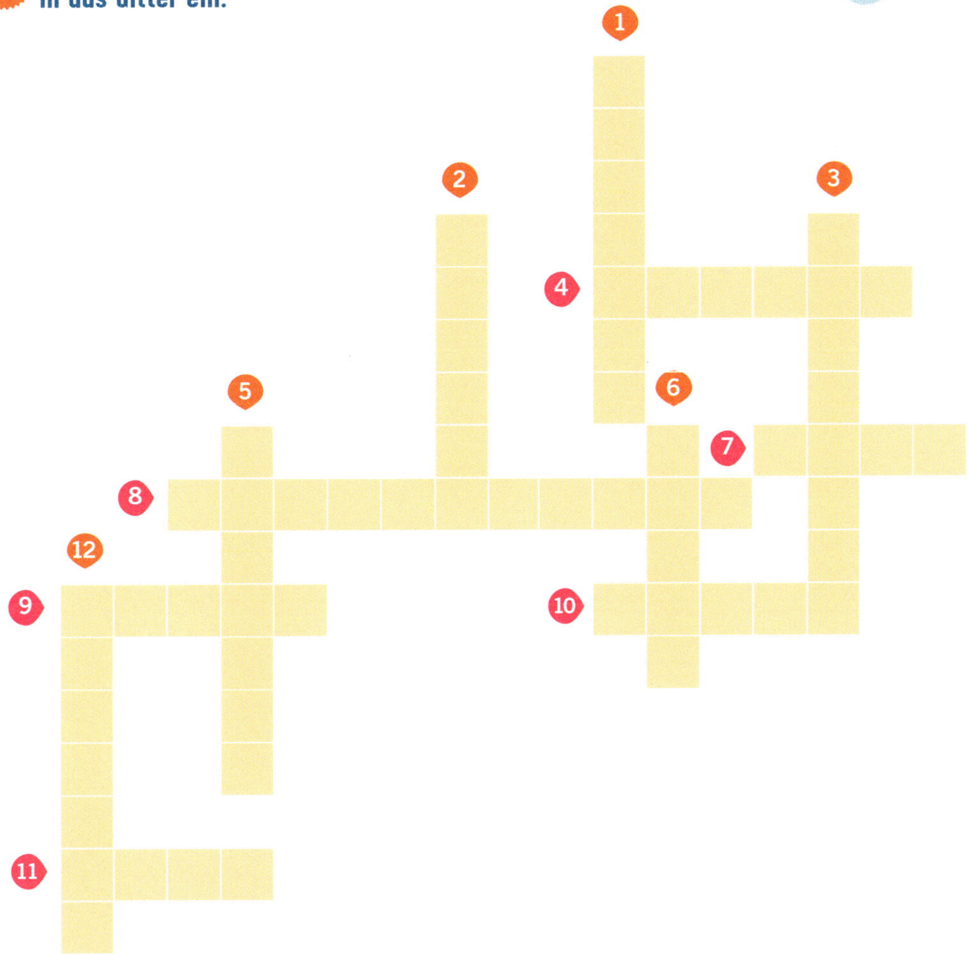

Senkrecht:

1. goen
2. fueren
3. léieren
5. maachen
6. soen
12. kucken

Waagerecht:

4. liesen
7. ginn
8. schreiwen
9. lafen
10. fannen
11. kommen

Super! Das war das 17. und letzte Kapitel des Hefts! Bewerten Sie Ihre Übungsergebnisse, und tragen Sie sie hier und in der Punktetabelle auf Seite 128 ein.

LÖSUNGEN

1. Erste Schritte

❶ a. b. g. h. j.
❷ a. ə b. de c. ə d. de e. ə f. ə, de g. ə h. de i. den, d' j. ə
❸ a. Wien ass dat? b. Heescht Dir Jean Capesius? c. Säi Virnumm ass Paul. d. Ass dat den Här Junk? e. Mäi Virnumm ass Gilles, mäi Familljennumm ass Becker. f. Wéi heescht Dir mam Familljennumm? g. Mäin Numm ass Bond, James Bond. h. Ass Äre Familljennumm Gregorius? i. Ass Claude Äre Virnumm oder Äre Familljennumm? j. D'Claudine heescht mam Familljennumm Meyer.

❹

Moies	Mëttes	Owes	Verab-schiden	De ganzen Dag
Moien	Gudde Mëtteg	Gudden Owend	Awuer	Moien
Bonjour	Mëtteg	'n Owend	Äddi	Salut
Gudde Moien			Bis geschwënn	
			Gutt Nuecht	Bonjour

❺ a. *Bis bald*: Bis geschwënn b. *Tschüss*: Äddi c. *Auf Wiedersehen*: Awar d. *Guten Tag*: Bonjour e. *Guten Tag*: Moien f. *Hallo (nachmittags)*: Gudde Mëtteg g. *Guten Morgen*: Gudde Moien h. *Gute Nacht*: Gutt Nuecht i. *Guten Abend*: Gudden Owend j. *Hallo*: Salut
❻ Hei, Salut, Paul, wéi geet et?/Gutt, an dir?/O, net immens, ech si krank./Dat deet mir leed./Jo, … kann ech presentéieren? Dat ass meng Fra, d'Joanne./Et freet mech./Mir hunn e Rendez-vous beim Dokter. Bis geschwënn./Jo, Äddi, bis geschwënn.
❼ a. Ech heesche Karin. b. Mäin Numm ass Weber. c. Ass Äre Familljennumm Schmit? d. Sidd Dir den Här Junk? e. Ass dat de Paul Hilbert? f. Gudde Moien!
❽ a. de b. de c. de d. de e. den f. den g. den h. de i. de j. den k. de l. de
❾ a. Éi! b. Au! c. Ei! d. Ou?
❿ a. lang b. lang c. lang d. kurz e. lang f. lang g. lang h. kurz i. kurz

2. Artikel

❶ a. de/e/dee b. d'/e/dat c. d'/e/dat d. d'/eng/déi e. d'/en/dat f. d'/e/dat g. d'/eng/déi h. de/e/dee i. d'/en/dat j. de/e/dee k. den/en/deen
❷ a. Neutr. b. Fem. c. Mask. d. Mask. e. Neutr. f. Neutr. g. Mask. h. Mask. i. Neutr. j. Fem. k. Fem.
❸ a. Mask., da Himmelsrichtung b. Fem., da Blume c. Fem., da Endung -ei d. Mask., da Tageszeit e. Neutr., da junges Lebewesen f. Neutr., da substantiviertes Verb g. Mask., da Jahreszeit h. Mask., da Monatsname i. Mask., da Endung -o

❹

den (deen)	d' (déi)	d' (dat)
M	Mamm	K+and
Brudder	62	Iessen
Summer	Zeitung	
Freideg		
Owend		
Kino		

❺ a. En neien Tram. b. E schéint Buch. c. E groussen Dësch. d. E klenge Stull. e. En deiert Haus. f. En ale Vëlo. g. Eng modern Posch. h. Eng breet Strooss. i. E klengen Hond. j. Eng léif Kaz.
❻ a. e schéint Buch b. eng jonk Fra c. eng breet Strooss d. eng kleng Kaz e. en neie Vëlo f. eng grouss Posch g. en ale Mann h. e klengen Hond i. e léift Kand
❼ a. de b. de c. d'/de d. de e. den/d' f. de g. den h. d' i. de/d' j. d'
❽ a. Wat b. Wien c. Wat d. Wien e. Wie
❾ a. e Kichendësch (m.) b. e Reemantel (m.) c. e Kannerbuch (n.) d. e Sonnebrëll (m.) e. en Häreschong (m.)

3. Mehrzahl (Plural) der Substantive

❶ a. Dieren b. Fraen c. Hären d. Tuten e. Läffelen
❷ a. Dëscher b. Häerzer c. Kräizer e. Problemer
❸ a. Apel: Äppel b. Bic: Bicker c. Blat: Blieder d. Blumm: Blummen e. Classeur: Classeuren f. Dokter: Dokteren g. Fouss: Féiss h. Frënd: Frënn i. Frëndin: Frëndinnen j. Heft: Hefter k. Mann: Männer l. Numm: Nimm m. Päerd: Päerd n. Strëmp: Strëmp o. Tour: Tier

❹

L	Z	H	Y	O	X	Q	P	V	D	B	B
S	I	I	Z	Z	D	I	E	R	E	N	Z
O	Z	C	E	D	S	M	S	U	H	Z	S
A	F	R	Ë	N	D	I	N	N	E	N	C
K	L	Z	R	K	O	P	A	D	L	D	H
E	M	H	W	M	U	V	M	T	K	P	O
L	A	V	Ë	O	H	O	O	B	H	N	N
J	U	J	G	N	J	A	T	R	J	E	G
K	T	B	X	A	N	C	I	B	L	U	F
F	O	X	C	S	R	Y	E	S	K	E	I
Q	E	G	X	E	V	Z	M	E	E	N	J
S	N	O	D	K	K	A	N	N	E	R	Y

Hënn
Autoen
Dieren
Schong
Kanner
Frëndinnen
Haiser
Pneuen

❺

```
            L
  H A U S       D Ä N Z E R I N
    U           Ë
    B U C H     S
    H     F Ë S C H
C O M P U T E R   H
    A       A
    U
    S T U L L
```

❻ a. ee/zwee b. ee/zwee c. eng/zwou d. eng/zwou e. eng/zwou f. ee/zwee g. eng/zwou h. ee/zwee
❼ a. néng Hänn b. sechs Bicher c. siwe Männer d. zwou Tasen e. véier Mais f. aacht Haiser g. dräi Schong h. fënnef Autoen i. zéng Féiss

4. Grundzahlen und Uhrzeiten

❶ a. sechsandrëssg b. zweeafofzeg c. fënnefavéierzeg d. siwenanachzeg e. véieranzwanzeg
❷ a. Dat kascht fënnefanzwanzeg Euro. b. Dat kascht eenanachzeg Euro. c. Dat kascht aachtannonzeg Euro. d. Dat kascht honnertzweeanzwanzeg Euro. e. Dat kascht zweedausendfënnefhonnertdräiasechzeg Euro.

LÖSUNGEN

❸ a. 887 b. 5093 c. 5039 d. 9050 e. 915 f. 745 g. 2098
❹ a. 12 b. 45 c. 36 d. 5 e. 80 f. 210
❺ a. Et ass aacht (8) Auer moies. b. Et ass fënnef (5) Auer nomëttes. c. Et ass néng (9) Auer owes. d. Et ass véier (4) Auer nuets. e. Et ass zwielef (12) Auer mëttes.
❻ a. 20.45 Uhr b. 12.05 Uhr c. 2.20 Uhr d. 19.10 Uhr e. 8.25 Uhr
❼ a. zwanzeg vir eelef b. fënnef vir hallwer zwou c. Mëtternuecht d. zwanzeg op aacht moies e. hallwer sechs
❽ a. hallwer sechs moies b. fënnef op hallwer siwen owes c. zéng vir zwou nomëttes d. Véierel op zéng moies e. hallwer zwielef owes (oder nuets) f. zwanzeg vir zéng moies g. fënnef vir fënnef nomëttes
❾ a. dräizéng Auer sechs b. eenanzwanzeg Auer véieranzwanzeg c. fofzéng Auer fënnef d. zweeanzwanzeg Auer aacht e. aacht Auer siwenafofzeg f. eelef Auer néngandrësseg

5. Personalpronomen

❶ a. D'Buch ass nei. **Et** kascht 20 €. b. korrekt c. D'Madamm Schmit wunnt an der Stad. **Si** schafft op enger Bank. d. Den Här an d'Madame Ewan sinn Amerikaner. **Si wunnen** zu New York. e. De Paul ass Lëtzebuerger. **Hien** ass Architekt. f. Ech hunn en neien Auto. **En** ass immens flott.
❷ a. Mir b. Si c. Hatt d. Hie e. Si f. Dir g. dir h. si
❸ a. Sidd, hunn b. ass, huet c. si, sinn d. Hues, hunn
❹

	Formelle Siezform	Duzen (Singular)	Duzen (Plural)
Wunnt Dir an der Stad?	x		
Hues du Zäit?		x	
Wat schafft Dir?	x		
Kommt dir mat an de Kino?			x
Wéi al bass du?		x	

6. Regelmäßige Verben im Präsens Indikativ

❶

	wunnen	heeschen	schwätzen
ech	wunnen	heeschen	schwätzen
du	wunns	heeschs	schwätz
hie(n)/si/hatt	wunnt	heescht	schwätzen
mir	wunnen	heeschen	schwätzen
Dir/dir	wunnt	heescht	schwätzt
si	wunnen	heeschen	schwätzen

❷ a. mir liesen b. dir wunnt c. du heeschs d. hie schwätzt e. si sichen f. hatt drénkt g. ech schaffen h. mir kucken i. si lauschteren j. du léiers

❸

Crossword: SCHAFFT, LAACH, KUCKS, SCHCHHTER, WUNNT, SCHWÄTZ, INVITÉIEREN, SICHEN, KACHEN, DRÉNKT

❹

	sichen	spillen	liesen	léieren
ech	sichen	spillen	liesen	léieren
du	sichs	spills	lies	léiers
hien/si/hatt	sicht	spillt	liest	léiert
mir	sichen	spillen	liesen	léieren
Dir/dir	sicht	spillt	liest	léiert
si	sichen	spillen	liesen	léieren

❺ a. wunnen b. drénke c. kachen d. kucken e. sicht f. spille g. liese
❻ a. schwätze b. schwätzt c. schwätzen d. schwätzt e. schwätzt f. schwätze g. schwätz h. schwätzt
❼

	ech	du	hie(n)/si/hatt	mir	Dir/dir	si
léieren	x			x		x
kuckt			x		x	
lies		x				
wunnt				x		x
heeschen	x				x	x
kachs		x				

7. Unregelmäßige Verben im Präsens Indikativ

❶ a. kënnt b. riffs c. léisst d. fiers e. keeft f. ëss g. mécht h. gesäis
❷ a. Wou **wunns du**? b. **Fiers du** mam Auto schaffen? c. Wat fir eng Sprooch **schwätz du** doheem? d. **Kënns du** aus engem europäesche Land? e. Wat **méchs du** de Weekend? f. **Ëss du** och gär Pizza? g. Wéi dacks **gesäis du** deng Frënn? h. **Lauschters du** gär Musek?
❸ 1. i. 2. k. 3. a. 4. h. 5. c. 6. d. 7. e. 8. b. 9. j. 10. f. 11. g.
❹ a. schwëmms b. hëlt c. seet d. fiert e. ësst f. méchs g. séngt

121

LÖSUNGEN

5

	ech	du	hien/si/hatt	mir	Dir/dir	si (Pl.)
méchs		x				
kënnt			x			
kafen	x			x		x
fiert			x			
ginn	x			x		x
frot					x	
kommen	x			x		x
laaft					x	
gëss		x				
schléift			x			

6 a. gi b. kritt c. keeft d. mécht e. gëtt f. dréis g. iessen

7

	fahren	gehen	laufen	kaufen	kommen
ech	fueren	goen	lafen	kafen	kommen
du	fiers	gees	leefs	keefs	kënns
hien/si/hatt	fiert	geet	leeft	keeft	kënnt
mir	fueren	ginn	lafen	kafen	kommen
Dir/dir	fuert	gitt	laaft	kaaft	kommt
si	fueren	ginn	lafen	kafen	kommen

	verstehen	geben/werden	stehen	machen	finden
ech	verstinn	ginn	stinn	maachen	fannen
du	verstees	gëss	stees	méchs	fënns
hien/si/hatt	versteet	gëtt	steet	mécht	fannt
mir	verstinn	ginn	stinn	maachen	fannen
Dir/dir	verstitt	gitt	stitt	maacht	fannt
si	verstinn	ginn	stinn	maachen	fannen

8 a. goen b. ginn c. goen d. goen e. goen f. ginn
9 a. Kënnt b. kann c. däerfen d. ka e. däerf
10 a. muss b. solle c. mussen d. solls e. musst
11 a. kanns du b. ech muss c. däerf een d. wëllen
12 a. Mir wëllen zu Lëtzebuerg schaffen. b. Du muss en Appartement fannen. c. D'Paula däerf haut an de Kino goen. d. D'Jeanne kann net Auto fueren. e. Ech brauch en neie Pass. f. De Jacques weess all d'Äntwerten. g. Du solls besser oppassen!

8. Ortspräpositionen
1 a. an der b. bei der c. um d. am e. op der f. op der g. Beim h. an der i. am j. bei der
2 a. de b. d' c. d' d. de e. de
3 a. op b. Bei c. an dem (am) d. op e. bei f. an dem (am)
4 a. Maart *Markt* b. Buttek *Geschäft* c. Spillplaz *Spielplatz* d. Schoul *Schule* e. Bësch *Wald* f. Stad *Stadt*

5

Y	G	B	E	U	S	U	A	P	G	W	D
Q	L	J	V	I	V	K	O	A	Z	R	S
T	A	U	T	O	U	Ë	D	O	U	E	C
M	J	D	A	Q	T	B	L	Z	C	X	H
O	D	D	R	W	X	A	S	O	H	L	O
T	D	O	P	U	A	Z	X	P	J	K	U
O	E	F	J	C	Y	E	G	I	M	I	L
H	E	L	I	K	O	P	T	E	R	P	B
Q	J	I	F	S	I	C	V	L	R	U	U
J	M	G	D	B	O	O	T	M	B	T	S
G	C	E	S	W	L	C	A	M	I	O	N
C	A	R	U	E	Y	Y	Y	L	L	H	A	C

6 a. mam Auto b. mam Fliger c. zu Fouss d. mat der Kutsch e. mam Vëlo f. mam Zuch, mam Bus

7

Bewegung?	ja	nein	Übersetzung
goen	x		gehen
schaffen		x	arbeiten
fueren	x		fahren
wunnen		x	wohnen
heeschen		x	heißen
lafen	x		laufen
waarden		x	warten
fléien	x		fliegen

8 a. op b. op, op c. zu d. zu e. zu, zu f. op g. Zu h. op

9. Herkunfts- und Sprachenbezeichnungen
1 a. aus, vu, Aus, vu b. aus, vun, Aus, vun c. aus, vu, Aus, vu d. aus, vu, Aus, vu e. aus, vu, Aus, vu
2 (in der Reihenfolge der Abbildungen) Bacalhau – aus Portugal, Pizza – aus Italien, Vodka – aus Russland, Kachkéis – aus Lëtzebuerg, Sushi – aus Japan, Baguette – aus Frankräich, Paëlla – aus Spuenien
3 a. aus England b. aus Däitschland c. aus Frankräich d. aus Tunesien e. vun Amsterdam f. vu Madrid g. vu Lissabon h. vu Budapest
4

aus	aus der	aus dem	aus den
Albanien Bosnien und Herzegowina China Däitschland Frankräich Italien Mazedonien Portugal Spuenien	Belsch Dominikanesch Republik Schwäiz Tierkei	Kosovo Vietnam Cambodge	U.S.A.

122

LÖSUNGEN

5 a. schwätzen d'Leit Däitsch. b. schwätzen d'Leit Spuenesch. c. schwätzen d'Leit Italieenesch. d. schwätzen d'Leit Englesch. e. schwätzen d'Leit Japanesch. f. schwätzen d'Leit Russesch. g. schwätzen d'Leit Franséisch, Flämesch an Däitsch. h. schwätzen d'Leit Chineesesch. i. schwätzen d'Leit Spuenesch. j. schwätzen d'Leit Portugisesch. k. schwätzen d'Leit Portugisesch. l. schwätzen d'Leit Lëtzebuergesch, Franséisch an Däitsch.

6

	Nationalität	Sprache
Lëtzebuergesch		x
Belsch	x	
Finnesch		x
Spuenierin	x	
Dänin	x	
Tierkesch		x
Hollänner	x	
Franséisin	x	
Portugisesch		x
Chineesin	x	

7 (word search grid)

8 1. f. 2. a. 3. e. 4. h. 5. b. 6. i. 7. j. 8. d. 9. g. 10. c.
9 a. Schweedin b. Brasilianerin c. Dänin d. Finnin e. Franséisin f. Hollännerin
10 a. Belsch b. Spuenier c. Chinees d. Kosovar e. Iraner f. Amerikaner
11 a. Amerikanerinnen b. Lëtzebuerger c. Japanerinnen d. Polen e. Däninnen f. Chineesen g. Peruaner h. Senegaleesen
12 a. Dänin b. Tschech c. Argentinier d. Portugal

10. Fragen, bejahende und verneinende Aussagen
1 a. heesche b. sinn c. kommen d. schaffen e. schwätzt f. wunnen g. léiere h. ass
2 a. Wéi b. Wat c. Wuer d. Wéini e. Wéi f. Wéi g. Firwat h. Wéi vill i. Wéini j. Wat
3 a. Wat b. Wéi vill c. Wéi d. Wien e. Wou f. Firwat g. Wéini h. Wat
4 1. c. 2. e. 3. f. 4. a. 5. d. 6. b.
5 a. Nee b. Dach c. Nee d. Jo e. Jo f. Nee g. Dach
6 a. keen Hond b. keen Haus c. keng Schwëster d. kee Computer e. keng Kanner f. kee Päerd g. näischt

11. Ordnungszahlen und Datumsangaben
1 a. de siwenten b. de véierzéngten c. de siwenandrëssegsten d. de véierannonzegsten e. den honnertfënnefanzwanzegsten f. den dausendsten
2 a. déi zweet Strooss b. de véierte Stack c. dat siwent Haus d. den honnertste Client e. den honnertdausendsten Awunner
3 a. Februar ass den zweete Mount am Joer. b. Mäerz ass den drëtte Mount am Joer. c. Abrëll ass de véierte Mount am Joer. d. Mee ass de fënnefte Mount am Joer. e. Juni ass de sechste Mount am Joer.
4 a. aachte, August b. néngte, September c. zéngte, Oktober d. eelefte, November e. zwielefte, Dezember
5 a. fënnefanzwanzegsten Dezember b. dräianzwanzegste Juni c. éischte Januar d. zweeanzwanzegsten August, zéngte September e. fofzéngte Juli, fofzéngte September
6 (word search grid)

7 a. Sonndeg, de 4. August b. Freideg, den 1. Oktober c. Mëttwoch, de 15. Mee d. Donneschdeg, den 10. Dezember e. Méindeg, de 25. September
8 a. Méindeg: Montag b. Samschdeg: Samstag c. Mëttwoch: Mittwoch d. Sonndeg: Sonntag e. Donneschdeg: Donnerstag f. Freideg: Freitag g. Dënschdeg: Dienstag
9 a. nonzénghonnertfënnefafofzeg b. nonzénghonnertuechzéng c. nonzéngte d. zweedausendsiechzéng
10 a. Elizabeth déi Zweet b. George de Fënneften c. Groussherzog Guillaume de Véierten d. Poopst François/Franziskus den Éischten

12. Zeitangaben
1 Méindeg, Dënschdeg, Mëttwoch, Donneschdeg, Freideg, Samschdeg, Sonndeg; Januar, Februar, Mäerz, Abrëll, Mee, Juni, Juli, August, September, Oktober, November, Dezember
2 a. Haut ginn ech an de Kino. b. E Sonndeg schaffe mir net. c. Am Juli hunn d'Kanner Vakanz. d. Am August huet den Dokter Congé. e. E Sonndeg ass de Supermarché zou.
3 a. De Coiffer ass muer op. b. D'Kanner fueren e Samschdeg an d'Vakanzekolonie. c. Mir ware gëschter op d'Schueberfouer. d. De Kleeschen kënnt am Dezember. e. Den Zuch op Miersch fiert um 8 Auer.
4 1. f. 2. e. 3. g. 4. i. 5. c. 6. h. 7. b. 8. d. 9. a.
5 a. haut den Owend b. muer de Moien c. e Mëttwoch de Mëtteg d. haut den Nomëtteg e. e Samschdeg den Owend f. freides owes g. nuets
6 a. nomëttes b. moies c. E Sonndeg den Nomëtteg d. moies e. dënschdes, donneschdes f. e Freideg den Owend
7 a. Ech drénken ëmmer Kaffi. b. Ech ginn dacks an de Kino. c. Ech gi seele spadséieren. d. Ech iessen ni Schockela. e. Ech schwätzen heiansdo Lëtzebuergesch.

123

LÖSUNGEN

8

S	W	R	F	K	D	R	O	W	Z	Y	S
H	Q	V	Q	O	V	A	L	N	G	S	I
T	C	G	Y	Z	F	M	C	C	I	P	W
X	V	H	Ë	W	S	P	S	K	O	V	W
C	F	E	J	S	Z	E	E	I	S	R	E
M	Y	I	N	D	C	N	E	I	S	R	E
H	B	A	I	W	Z	H	H	L	B	M	M
A	K	N	M	U	E	R	T	R	E	J	U
U	F	S	N	Y	X	C	T	E	A	N	E
T	I	D	D	Ë	M	M	E	R	R	A	R
N	M	O	S	Z	L	F	D	Y	N	R	R
V	I	R	G	Ë	S	C	H	T	E	R	P

9 a. spillt, spillt **b.** mécht **c.** gi, kucke **d.** fiert, spillt **e.** spillt, lauschtert
10 a. Haut den Owend gi mir an de Kino. **b.** De Jacques an d'Anni danze gär. **c.** Muer den Owend kachen ech. **d.** Mir iesse gär Gromperekichelcher. **e.** Heiansdo spillt de Paul mam Pierre Schach.

13. Besitz und Zugehörigkeit
1 a. mäin **b.** däin **c.** säin **d.** hire **e.** seng **f.** eis (ons) **g.** Äre, Äre **h.** hiert
2 1. a. **2.** c. **3.** a. **4.** b.
3 a. Eise Jong wunnt zu München. **b.** Seng Schwëster heescht Marie. **c.** Schafft Äre Papp bei Ambicor? **d.** Ech kennen deng Eltere gutt. **e.** Hire Monni an hir Tatta komme vun Esch.
4 a. Mein Bruder spielt Klavier. **b.** Unsere Großeltern wohnen bei uns. **c.** Wie alt sind deine Kinder? **d.** Arbeitet Ihre Mutter? **e.** Paul hat zwei Kinder, seine Tochter heißt Claire und sein Sohn heißt Michel.

5

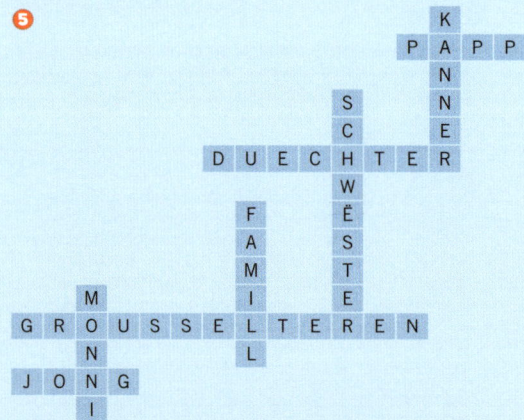

6 a. Dem Claudine seng Mamm ass Coiffeuse. **b.** Der Madamm Feltes hire Mann huet Congé. **c.** Dem Tom säi Brudder wunnt an Australien. **d.** Der Famill Kalmes hiren Hond billt ëmmer. **e.** Dem Här Jacobs seng Fra kacht net gär. **f.** De Kanner hir Grousseltere sinn nach jonk.
7 a. dem, säi **b.** dem, seng **c.** Lena, dem, seng **d.** dem, Boma **e.** dem, seng, Tatta **f.** dem, säi **g.** dem, dem, hir

8 Von oben nach unten:
Mann: d'Gesiicht, d'Aen, d'Ouer, d'Nues, de Mond, den Aarm, d'Hänn, d'Féiss
Frau: d'Aen, d'Ouer, d'Nues, de Mond, den Aarm, d'Hänn, d'Been, d'Féiss
9 a. säi Gesiicht **b.** seng Ae **c.** seng Nues **d.** säi Mond **e.** seng Oueren **f.** seng Äerm **g.** seng Bee **h.** seng Féiss **i.** seng Hänn **j.** hiert Gesiicht **k.** hir Ae **l.** hir Nues **m.** hire Mond **n.** hir Ouere **o.** hir Äerm **p.** hir Bee **q.** hir Féiss **r.** hir Hänn
10 a. Wiem säi Meeedche studéiert Droit? Dem Claire säint. **b.** Wiem seng Ae si blo? Dem Maxime seng. **c.** Wiem seng Eltere sinn nach jonk? Eis. **d.** Wiem säi Kand geet an d'Schoul? Mäint. **e.** Wiem säi Gesiicht ass schéin? Dem Isabelle säint.

14. Befehlsform (Imperativ)
1 a. Komm an de Büro! **b.** Léier deng Vokabelen! **c.** Schreif den Exercice! **d.** Huel den Auto aus dem Garage! **e.** Bréng mir e Kaffi!
2 a. Gitt net sou séier! **b.** Gitt mir eng Hand! **c.** Sidd roueg! **d.** Hutt e Moment Gedold! **e.** Stitt net sou laang am Reen!
3

4 a. Fangt an zu arbeiten! **b.** Steht um sechs Uhr auf! **c.** Mach beim Wettbewerb mit! **d.** Schließ die Tür! **e.** Öffnet das Fenster! **f.** Zieh einen Pullover an!
5 a. Entschëllegt, wéi, bei; Gitt, riichtaus, Kräizung; Strooss, lénks **b.** Entschëllegt, wéi; Gitt, riets, Rout, Luucht, riichtaus; Strooss, lénks **c.** Entschëllegt; Huelt; Stack, gitt, lénks; Dier, riets
6 1. c. **2.** a. **3.** c. **4.** b.
7 a. hinnen **b.** eis **c.** mir **d.** him **e.** hir **f.** mech **g.** him **h.** eis
8 a. Moien, wéi geet et **lech**? **b.** Gutt, an **lech**? Kann ech **lech** eppes froen? **c.** Jo, natierlech, wat **wëllt Dir** wëssen? **d. Fuert Dir** muer de Moie mam Auto an d'Stad? **e.** Jo, kann ech **lech** hëllefen? **f.** Jo, **kënnt Dir** mech mathuelen? **g.** Kloer, um wéi vill Auer soll ech **lech** siche kommen?
9 1. c. **2.** d. **3.** e. **4.** b. **5.** a. **6.** f.
10 1. d. **2.** a. **3.** f. **4.** c. **5.** e. **6.** b.

15. Vergleiche (Komparativ)
1 1. c. **2.** e. **3.** d. **4.** f. **5.** a **6.** b. **7.** g.
2 a. D'Claire ass méi al wéi d'Karin. **b.** Den TGV ass méi séier wéi de Regionalzuch. **c.** D'Prinzessin ass méi schéin wéi d'Monster. **d.** Dem Rapunzel seng Hoer si méi laang wéi meng Hoer. **e.** Chineesesch ass méi schwéier wéi Lëtzebuergesch. **f.** Paräis ass méi grouss wéi Lëtzebuerg.

LÖSUNGEN

❸ a. Du schwätz besser Franséisch wéi ech. b. De Bill Gates huet méi Sue wéi ech. c. Hei schaffe manner Frae wéi Männer. d. De Pierre spillt besser Tennis wéi de Paul. e. D'Marie huet méi Kanner wéi de Maurice. f. Am Juli schaffen ech manner wéi am Januar.
❹ a. wäisse Wäin b. Geméis c. ech drénke léiwer Béier d. ech drénke léiwer platt Waasser e. ech drénke léiwer Kaffi
❺ a. Ech schaffe léiwer op der Bank wéi op der Gemeng. b. Ech iesse léiwer am Restaurant wéi doheem. c. Ech schlofe léiwer doheem wéi am Hotel. d. Ech kucke léiwer e Film am Kino wéi op der Tëlee. e. Ech jogge léiwer am Bësch wéi op der Strooss.
❻ a. Ech liesen am léifste Romaner. b. Ech lauschteren am léifste Rockmusek. c. Ech kucken am léifste Serien. d. Ech drénken am léifste Kaffi. e. Ech spillen am léifste Monopoly.
❼ a. gär b. léiwer c. am léifsten d. léiwer e. Am léifste f. léiwer
❽ a. Dee gréngen oder dee bloe Rack? Dee bloe Rack gefällt mir besser. b. Déi gro oder déi schwaarz Box? Déi schwaarz Box gefällt mir besser. c. Dat rout oder dat gielt Hiem? Dat rout Hiem gefällt mir besser. d. Déi gro oder déi wäiss Jackett? Déi gro Jackett gefällt mir besser. e. Déi hellblo oder déi donkelblo Blus? Déi donkelblo Blus gefällt mir besser. f. Déi schwaarz oder déi brong Schong? Déi brong Schong gefale mir besser.
❾ a. Ech hu schwaarz gär. b. Ech hu rout léiwer. c. Hues du léiwer rout oder schwaarz? d. Ech hunn am léifste blo.
❿ b. Mäi Liiblingsdéier ass en Hond. c. Meng Liiblingsfaarf ass rout. d. Mäi Liiblingsiesse si Gromperen. e. Meng Liiblingsstad ass Lëtzebuerg.

16. Verben ginn und kréien

❶ a. Ech kréien Honger. b. Du kriss Duuscht. c. Hie kritt en Auto. d. Mir kréien de Bauch wéi. e. Dir kritt e Bëbee. f. Si kréien eng Glatz.
❷ a. Ech gi gesond. b. Du gëss hongereg. c. Hie gëtt duuschtereg. d. Mir ginn nervös. e. Dir gitt Client. f. Si gi Lëtzebuerger.
❸ a. ginn b. kritt c. kritt d. gëtt, kritt e. kritt f. kritt
❹ 1. d. 2. c. 3. a. 4. f. 5. g. 6. e. 7. b.
❺ a. Ech gi rout. b. Ech ginn déck. c. Ech ginn nervös (oder ongedëlleg ungeduldig) d. Ech ginn dënn. e. Ech gi midd.
❻ a. geben (*ein Trinkgeld geben*) b. werden (*Beruf*) c. geben (*ans Telefon holen*) d. geben (*anbieten*) e. werden (*sein*)
❼ a. Den Här Kayser ass Dokter am Centre Hospitalier. b. Mäi Jong wëllt Architekt ginn. c. Hunn Är Kanner e Schoulmeeschter? d. De Pablo Picasso ass e bekannte Moler. e. De Journalist interviewt de Politiker. f. Mäi Coiffer heescht Jean-Pascal.
❽

L	B	S	I	S	N	Y	F	Z	X	G	V	V	C	V	H	A	I
V	Ä	C	T	B	G	L	É	I	E	R	I	N	E	G	C	P	N
W	C	M	W	X	F	C	I	X	K	B	I	L	J	H	M	K	F
H	K	O	F	C	Q	A	P	D	E	R	W	U	I	L	I	N	O
C	E	Z	Y	Y	L	V	Q	W	Z	E	W	H	T	X	N	C	R
E	S	C	H	A	U	S	P	I	L	L	E	R	I	N	I	Z	M
D	C	O	K	Y	C	P	T	C	G	A	R	U	C	F	S	S	A
U	H	K	Q	Q	G	A	R	A	G	I	S	T	I	N	T	Y	T
C	Q	P	L	L	K	H	V	M	E	R	E	X	T	Q	E	B	I
A	I	R	F	F	H	H	Q	R	C	H	T	I	R	M	S	P	K
T	G	A	I	I	P	T	L	O	V	E	Z	V	X	N	C	R	E
R	I	F	E	E	M	P	L	O	Y	É	E	Z	P	Y	H	K	R
I	E	R	F	F	J	U	R	A	Z	P	R	I	K	L	U	M	I
C	J	A	T	T	R	A	Q	A	J	F	I	M	U	Z	E	U	N
E	P	O	L	I	Z	I	S	T	I	N	N	N	P	Q	S	I	N

❾ a. Ich bekomme das Fenster nicht zu. b. Wir kriegen die Tür nicht auf. c. Ich kriege den Koffer nicht ins Auto. d. Wir bekommen den Fleck nicht aus dem Teppich. e. Er bekommt den Fernseher nicht an. f. Sie kriegt den Alarm nicht aus.
❿ a. De Jacques hätt gär e Rendez-vous um 5 Auer. b. An der Vakanz hätte mir gär schéint Wieder. c. Wat häss du gär fir däi Gebuertsdag? d. D'Leit hätte gär méi Zäit a manner Stress. e. Hätt Dir gär eng Tut?
⓫ a. Ech géif gär e Kaffi drénken. b. Hatt géif gär e Film kucke goen. c. Mir hätte gär eng Glace. d. Si géife gär eng Aarbecht fannen. e. Hie géif gär eng Paus maachen. f. Dir hätt gär en neien Auto.

17. Einfache und zusammengesetzte Vergangenheit

❶ a. Ech hat eng Gripp. b. Du has keng Zäit. c. Hien hat am Juli Congé. d. Mir hate keng Suen. e. Dir hat e Problem. f. Si hate vill Honger.
❷ a. Ech war immens midd. b. Du waars hongereg. c. Hie war an der Schoul. d. Mir ware Frënn. e. Dir waart bestuet. f. Si waren ënnerwee.
❸ a. Mir hunn net vill Zäit. b. Bass du Member an engem Club? c. De Claude huet immens Chance. d. Dir hutt e gudde Proff. e. Sidd Dir zefridde mam Service?
❹ 1. d. 2. f. 3. e. 4. c. 5. b. 6. a.
❺ a. gekuckt b. gewunnt c. gespillt d. geheescht e. geschafft
❻ a. probéieren b. invitéieren c. kontrolléieren d. klasséieren e. masséieren
❼ a. maachen b. drénken c. iessen d. fueren e. hëllefen
❽ a. gelaf b. geholl c. fonnt d. gaangen e. geschwat f. ginn (= *gegeben*) g. ginn (= *geworden*) h. gesinn
❾ a. komm b. kaaft c. gelies d. gewosst e. kritt f. gesongen g. geflunn
❿ a. sinn b. sinn c. hu d. hunn e. hu f. sinn g. hunn h. si i. sinn j. sinn
⓫

```
              G
              A
              A
              N
        G     G          G
        E     E       G E L I E S
        F     N       E L
        U     G       S É
    G   E     E       G   G I N N
  G E S C H R I W E N S    E
    L M               F    R
    E L A F           O N N T
    K A               T
    U C
    C H
    T
    K O M M
```

Die Tabelle für die **Selbstbewertung**, in der Sie die Ergebnisse aller Kapitel eintragen können, finden Sie auf Seite **128**.

DER ASSIMIL-SPRACHVLERAG

Die Geschichte des Assimil-Verlags

Alphonse Chérel (1882-1956), der eine große Leidenschaft für Sprachen hatte, entwickelte 1929 in Frankreich den ersten ASSiMiL-Kurs „L'Anglais sans peine" („Englisch ohne Mühe"). In diesen Sprachkurs integrierte er seine über Jahre als Hauslehrer in London, Berlin und Moskau gesammelten Erfahrungen und das daraus entstandene **Lernkonzept des intuitiven Assimilierens**.

Der prägnante Satz „**My tailor is rich**" aus der ersten Lektion wurde zum Markenzeichen für die einzigartige ASSiMiL-Methode und läutete den Beginn einer erfolgreichen Verlagsgeschichte ein. ASSiMiL-Kurse für erwachsene Lerner sind heute weltweit erhältlich und überzeugen Jahr für Jahr eine große Zahl von Sprachliebhabern. Aus Liebe zu anderen Kulturen, Reiselust oder Neugierde – jeder hat einen guten Grund, eine Fremdsprache zu erlernen!

Assimil in Deutschland

Seit Mitte der 50er Jahre ist der Assimil-Sprachverlag auch in Deutschland vertreten und hat seinen Sitz in Köln. Das dortige Lektorat betreut die Adaptionen für deutschsprachige Lerner. Neben der Redaktion sind in Köln auch die Marketing- und die Vertriebsabteilung ansässig.

Mittlerweile umfasst das Assimil-Sortiment Sprachkurse für über 30 Fremdsprachen sowie Kurse für Deutsch als Fremdsprache mit 13 Erklärungssprachen. Alle Kurse sind in unterschiedlichen Medienkombinationen mit einem Lehrbuch in Verbindung mit Audio-CDs, MP3 oder PC-App erhältlich.

Mehr über die Assimil-Sprachlernmethode, unser Sprachkursangebot, die Lernmedien und viele weitere Informationen finden Sie auf unserer Internetseite: **www.AssimilWelt.com**.

DIE ASSIMIL-METHODE

Die Assimil-Methode

Die Assimil-Sprachlernmethode basiert auf dem Lernprinzip des intuitiven Assimilierens. Didaktisch unterscheidet sich die Methode deutlich von klassischen Sprachlernmethoden, da sie dem kindlichen Spracherwerb nachempfunden ist.

Lernen in zwei Phasen

Wie bei einem Kind, das seine Muttersprache assimiliert, vollzieht sich das Fremdsprachenlernen mit Assimil in zwei Phasen: Zunächst geht es um das Hören und Verstehen von Wörtern bzw. Wortgruppen, eingebettet in einen Sinnzusammenhang – dies ist die „Passive Phase". Nach und nach erkennt der Lernende Vokabeln und grammatische Strukturen wieder und versteht sie. In einem späteren Kursstadium folgt die „Aktive Phase": Der Lernende beginnt, seine passiv erworbenen Kenntnisse in eigenen Sätzen in der Fremdsprache praktisch anzuwenden, während er parallel die passive Phase fortsetzt.

Es geht auch ohne Grammatik

Haben Sie Ihre Muttersprache mit dem Pauken von Grammatikregeln gelernt? Bestimmt nicht. Sie haben sie intuitiv und größtenteils unbewusst "aufgenommen" und irgendwann mit dem Nachsprechen begonnen, ohne allzu viel darüber nachzudenken. Ähnlich funktioniert es bei der Assimil-Methode: Die Grammatik der Fremdsprache wird in sehr kleinen "Häppchen" erklärt: So viel wie nötig, so wenig wie möglich.

Mit allen Sinnen lernen

Eine besondere Bedeutung beim Fremdsprachenlernen mit Assimil kommt dem häufigen Anhören der Tonaufnahmen zu, denn hierdurch entwickelt sich das Sprachgefühl sehr schnell. Der Lernende optimiert seine Aussprache und entwickelt rasch Automatismen, um eigenständig Grammatikregeln abzuleiten und diese auf andere Wörter und Ausdrücke zu übertragen. Dies hilft sehr dabei, beim aktiven Sprechen auch eigene Fehler zu korrigieren.

SELBSTBEWERTUNG / BILDNACHWEIS

Bravo! Sie haben das Ende dieses Übungshefts erreicht! Bestimmt möchten Sie jetzt Ihren Kenntnisstand erfahren. Summieren Sie dazu aus allen Kapiteln die Anzahl der Smileys pro Smiley-Typ und tragen Sie diese Zahlen in die unten stehende Übersicht ein. Addieren Sie dann die Gesamtzahl für jeden der drei Smiley-Typen. Und? Wie ist Ihr Ergebnis?

	😀	😐	☹
1. Erste Schritte			
2. Artikel			
3. Mehrzahl (Plural) der Nomen			
4. Grundzahlen und Uhrzeiten			
5. Personalpronomen			
6. Regelmäßige Verben im Präsens Indikativ			
7. Unregelmäßige Verben im Präsens Indikativ			
8. Ortspräpositionen			
9. Herkunfts- und Sprachenbezeichnungen			
10. Fragen, bejahende und verneinende Aussagen			
11. Ordnungszahlen und Datumsangaben			
12. Zeitangaben			
13. Besitz und Zugehörigkeit			
14. Befehlsform (Imperativ)			
15. Vergleiche (Komparativ)			
16. Verben ginn und kréien			
17. Einfache und zusammengesetzte Vergangenheit			
Gesamtzahl (alle Kapitel)			

Welcher Smiley hat die höchste Gesamtzahl?

 Ganz gutt! Sie haben sich die wichtigsten Grundlagen des Luxemburgischen erarbeitet und sind nun bereit für die nächste Stufe!

 Net schlecht... Aber Sie können sich noch verbessern! Arbeiten Sie die Übungen, die Ihnen Schwierigkeiten bereitet haben, erneut durch und lesen Sie die dazugehörigen Erklärungen.

 Probéiert nach eng Kéier! Arbeiten Sie das Übungsheft erneut durch und lesen Sie noch einmal gewissenhaft die Erklärungen. Beim nächsten Mal wird es besser klappen!

Bildnachweis:

EINBAND:

Shutterstock: Oberste Reihe, von links nach rechts: paulrommer, Maria Egupova, Oleg7799, Kurdanfell, bhj-ary, Sleepbird, paulrommer, paulrommer, vip2807.

INNENTEIL:

Fotolia: Fotolia: Andra04: 73/1; ElenaShow: 19/1; marius1987: 63/1 – Marion Huet: 23/1, 74/1, 109a-b-c-d-e-f – **Shutterstock:** Adam Vilimek: 105; Aleksandra Novakovic: 4, 26-2; Alex Gorka: 26/2; Alexander Ryabintsev: 55/7, 56; Anastasia_B: 28/2; Andrei Tarchyshnik: 67; angkrit: 118; ankomando: 113, 14/2; Annasunny24: 86; Ariadna Ada Sysoeva: 61; Beresnev: 48/2; bioraven: 55/6; Bplanet: 73/2; Creatarka: 82; Dooder: 90; Ellegant: 101/1; elysart: 55/4; esadaphorn: 8; Evellean: 27; Fine Art: 9/1; forden: 12; Fotinia: 25, 26/1, 26-3; Glinskaja Olga: 26-4; graphic-line: 26-5; gst: 26-8, 64; Gurza: 102/2; happymay: 31; HieroGraphic: 110/2; iceink: 100; Iconic Bestiary: 38, 66, 114, 116; Incomible: 23/2, 68/2, 76/2; Iuliia Makarova: 92; jehsomwang: 111; jesadaphorn: 74/2, 77; Julia Tim: 3, 16/1, 68/1, 79, 115; K N: 5; kaa67alex: 99/2; Kauriana: 87; Lisa Kolbasa: 32, 33; little Whale: 72/1; Lorelyn Medina: 710; LOVE YOU: 26-7; Lyudmyla Kharlamova: 34, 70, 126; Macrovector: 11, 15, 76/1, 95, 98, 99/3, 104, 112; Malchev: 22; Maria Starus: 54, 106/2; Mascha Tace: 16/2, 94; Minur: 101/2; MSSA: 19/2, 51, 52, 109-c; MyClipArtStore.com: 85/1; newcorner: 75; Olga1818: 35/1, 35/2, 36, 58, 59/1, 85/2, 97/1, 97/2; Olya Fedorovski: 53; Oxy_gen: 50; palasha: 57; PinkPueblo: 69, 72/2; Rudie Strummer: 46/1; Seamartini Graphics: 55/1; Sentavio: 10, 20/2; Shvetsov Vadim: 55/5; sibgat: 65; Smart Design: 108; Spreadthesign: 26-4, 26-9, 26-10, 55/3; Stella Levi: 9/2, 126; Sthom: 55/2; Studio Barcelona: 24; Studio_G: 29; subarashii21: 81; Sudowoodo: 28/1; tandaV: 46/2; Tarikdiz: 107; Tcmakephoto: 13, 127; Tetiana Yurchenko: 6; Tomacco: 63, 84; Vector Bakery: 7/1; venimo: 30, 89, 110/1, 127; Vetreno: 45, 127; Virinaflora: 88; Visual Generation: 78; Voin Sveta: 20/1, 59/2, 60/2; wet nose: 41/1, 41/2, 41/3, 42/1, 42/2; What's My Name: 60/1, 62/2; wongstock: 7/2, 127; Woodhouse: 110/3; zapolzun: 39, 40 – Vecteezy: 14/1, 44, 99/1, 102/1, 103, 106/1, 109/1 – DR: 26-6, 48/1

Falls dieses Übungsheft Sie dazu angeregt hat, Ihre Luxemburgischkenntnisse weiter auszubauen und zu festigen, so zeigen wir Ihnen auf der nächsten Seite, welche weiteren Lernmaterialien Assimil für Luxemburgisch anbietet. Die vorgestellten Titel sind die ideale Ergänzung zu diesem Übungsheft.